押してはいけない
妻のスイッチ

石原壮一郎

JN099949

青春新書
PLAYBOOKS

妻のスイッチを知り己を知れば
夫婦関係は危うからず

　いきなり不躾（ぶしつけ）ですが、この本を手に取ったあなたは、妻を愛しているに違いありません。

　「もっと妻を大切にしたい」

　「妻からも大切だと思ってもらいたい」

　「これからの人生を妻と仲良く歩み続けていきたい」

　テレ臭さを脇において胸に手を当てると、密かにそんな願いを抱いているはず。夫婦にとって役に立つことが書いてありそうだと期待しつつ、ページをパラパラめくってくださっていることでしょう。

　ご安心ください。ご期待には十二分にお応えすることをお約束します。

　この本では、家事、育児、日常生活、実家＆義実家、仕事＆生き方など、あらゆるシチュエーションにおける365の「押してはいけない妻のスイッチ」を取り上げました。

　項目ごとに、爆弾マークの数で「危険性」や「深刻度」を示しつつ、なぜ押してはいけないのかを解説。スイッチを回避する「望ましい反応」についても、それぞれに「夫株を上げるひと言」「妻が喜ぶリアクション」など4種類に分類して紹介しています。

　自分の言動を省みながら読み進めると、あら不思議、夫婦の絆をさらに深めて、妻と毎日を楽しく過ごすための知

恵とコツが、自然と身に付いていくことでしょう。

　夫婦の関係は、一筋縄ではいきません。妻を大切に思って
いても、悪気はこれっぽっちもなくても、ふとした拍子に
「妻のスイッチ」を押してしまいます。どんなに「よくデキ
た夫」でも、そのリスクと無縁ではいられません。
　厄介なことに、押してしまいがちな「妻のスイッチ」は、
わかりづらいエリアに潜んでいます。

●妻に「夕食は何がいい？」と尋ねられて「簡単なもので
いいよ。カレーとか」と答えてしまう
●義父母の前ではマメに家事をする
●同僚に不愉快なことを言われたと怒っている妻に「キミ
にも落ち度があったんじゃないの」と尋ねる

　どれも本の中で取り上げたシチュエーションです。何が
いけないのかピンとこない人は、さまざまな場面で無自覚
に妻の危険なスイッチを押している可能性が大。
　いや、責めているわけではありません。そんなあなたの
ために、この本はあります。そして、気を付けたい、変わ
りたいと思っているからこそ、この本を手に取ってくださ
っているわけです。あなた方夫婦には、間違いなく幸せな
未来が待っていることでしょう。

　声を大にして申し上げておきたいのは、ズラッと並んだ

365の「妻のスイッチ」は、けっして「言ってはいけない＆やってはいけないリスト」ではないということ。

　日常生活や妻との会話の中で、常に「えっと、この言葉は大丈夫かな……」とビクビクしていたら、いい関係なんて築けません。それは本末転倒です。

　何を隠そう本書を書いた私も、これらのスイッチをたくさん押している自信があります。結婚して35年になりますが、スイッチについて書けば書くほど、これまでの結婚生活や子育てに対する反省の気持ちが募ってきました。

　それぞれのスイッチは、妻の気持ちに想像力を働かせたり、自分が見落としている部分や無意識の油断に気付いたりするヒントを与えてくれます。

　また、各項目の最後にある「望ましい反応」は、すぐに実践できなくてもかまいません。まずは「模範解答」を知ることで、目指したい「理想の夫」への道しるべになってくれるでしょう。少しずつトライしてみてください。

　「夫である自分も、妻にしょっちゅうスイッチを押されている。なぜこっちだけが気を付けなきゃいけないんだ！」

　そう感じる方もいるかもしれません。気付いていなかった「妻のスイッチ」の存在や、押してしまう背景を知ることは、妻を爆発させないためだけではありません。

　妻に「夫のスイッチ」を押されたときに、押してしまう側の気持ちや、過敏に反応しそうになる自分の事情に思い

を馳せることで、ダメージも怒りも最小限に抑えることができます。「たまにスイッチを押すのはお互い様」という大らかな受け止め方もできるようになるでしょう。

　「スイッチ」を意識することで、円満な夫婦はさらに円満に、ちょっとギクシャクしている夫婦も、微妙なキシミやズレを修復して円満な関係に戻れるはず。
　あなたと、あなたの妻と、あなたの家族が平和で楽しい日々を送るために、この本がお役に立てたら、こんなに嬉しいことはありません。
　すべてのご夫婦が、末永く幸せでありますように。

目次

~ まえがき ~
妻のスイッチを知り己を知れば
夫婦関係は危うからず……………………………………… 3

1章 "手助け"のはずの言動が、
なぜか妻を怒らせる

家事のスイッチ

「よかれと思って」の言動がなぜか裏目に
〜家事〜 ……………………………………………… 30

古い本や雑誌を仕分ける作業を
妻に頼まれてひと言 ……………………………………… 32

洗い物をし始めたのはいいけれど ……………………… 33

食後の洗い物がひと段落ついたタイミングで
かけた言葉 ………………………………………………… 33

お風呂に入ったあとでビールを飲みつつした報告 …… 34

夕飯に凝った料理を作ったまではよかったが ……… 35

家中のゴミ箱のゴミを
集積所に持っていったものの …………………………… 35

出そうと思っていた郵便物を
玄関に置き忘れていて …………………………………… 36

「キッチンペーパーが切れた」
と嘆く妻にしたアドバイス ……………………………… 37

洗濯乾燥機や食洗器などの
便利な家電を使いながら思った ………………………… 37

部屋を片付けながら
妻が愚痴をこぼした際に口にしたセリフ …………… 38

久しぶりに出席する結婚式の礼服を
準備しているときに何気なく……………………………… 39

着たかったスーツが
クリーニング店にあるとわかって……………………… 39

大事な提出書類を妻に頼まれ…………………………… 40

妻は掃除を終えたと言うが気付いてしまった……… 41

卵の売り場で「どれにしようか？」と尋ねられ……… 41

妻の留守中に洗濯と乾燥が終わったので…………… 44

テレビを見ているときに
妻が掃除機をかけ始めたので…………………………… 45

トイレットペーパーの残りが微妙な長さだったが… 45

「ずっと言おうと思ってたんだけど」
と前置きをして…………………………………………… 46

食後に「ごちそうさま」と言ったあとに……………… 47

妻に「洗濯機回しておいて」と頼まれたが ………… 47

１週間ぶりに掃除機をかけたという
妻へのリアクション……………………………………… 48

自分でも掃除機をかけているものの…………………… 49

自分でも食器を洗っているものの……………………… 49

「少しは手伝ってよ」と言われて思わず出た言葉…… 50

やることが重なって
ちょっとテンパっている妻に…………………………… 51

洗濯物を取り込み、自発的に畳んだはいいものの… 52

洗った食器を自発的に
食器棚にしまったはいいものの………………………… 52

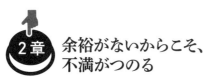

2章 余裕がないからこそ、不満がつのる
育児のスイッチ

お互いに「初心者」であるが故の衝突も多い
〜育児〜 ································· 56

グズり出した子どもを前にこぼしたセリフ ··········· 58

おむつ替えをしたら妻に
「ありがとう」と言われてつい出た言葉 ··········· 59

「あの子は走るのが苦手らしい」
とこぼした妻に軽口 ························· 59

ご飯中に遊んでばかりいる子どもを
注意するフレーズ ·························· 60

子どもより先に自分が寝てしまうと嘆く妻に ········· 61

妻のママ友や義父母に
育休を取っていることを感心されて ············· 61

子育てに疲れて弱音を吐いた妻を
励ましたつもりが ·························· 62

子どもの習いごとを
妻に相談されたときの反応 ··················· 63

「俺が見てるから」と言いながら ················· 63

イタズラを妻に叱られ子どもが
大泣きしているときに ······················ 64

積極的に育児に参加している
自負があるので ··························· 65

妻の出産直後に数週間の育休を取ったものの ········· 65

妻がキツイ口調で子どもを叱っているので
口を出した ………………………………………… 66

妻が不在の日に子どもの世話を引き受けたが ……… 67

子どもが困った行動をしたときに
思わずつぶやいた ……………………………………… 67

子どもが平仮名を読めるようになったと
喜ぶ妻へのリアクション ……………………………… 68

子どもの平熱を尋ねたら妻が言い淀んだので ……… 69

発熱した子どもを病院に連れて行ったが …………… 70

子どもの誕生日がもうすぐなのに ………………… 70

子どもの夜泣きで
何度も夜中に起こされるのでこぼした不満 ………… 71

子どもの質問に邪険に答える妻への
フォローのつもりで …………………………………… 72

自分も片付けが苦手だが、子どもには ……………… 72

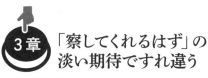

3章 「察してくれるはず」の淡い期待ですれ違う

会話のスイッチ

「ひと言」多かったり足りなかったりに注意
～会話～ ……………………………… 76

「夕食は何がいい？」と尋ねた妻への回答 ……… 78

芸能人の結婚のニュースに
「すぐ別れるわよ」と言った妻へのコメント ……… 79

宅配便を渡してくれた妻に ……………………… 79

「うる覚えなんだけど」と言った妻に ……………… 80

「ご祝儀は○万円でいいよね」
と聞かれたときのリアクション ………………… 81

スポーツ中継を見ながら
妻に詳しい情報を教えるときにはさんだひと言 …… 81

旅行の予定を話していたら
妻が悪天候を心配するので …………………… 82

妻が楽しそうに話しているときの反応 …………… 83

テレビを見ているときに妻に話しかけられ ……… 83

テレワーク中の妻が
パソコンと格闘しているときに尋ねた …………… 84

かねてからの懸案事項を切り出した妻に ……… 85

妻がしている話は
大事な内容ではなさそうなので ………………… 85

実家の両親への贈り物を相談されたときの返答 …… 88

「この歌手、誰と結婚したんだっけ?」
と聞かれて ………………………………………………… 89

「福神漬け、どっちにする?」と聞かれて ………… 89

会社で女性の先輩が後輩にキレた話を聞かされ、
口にした言葉 …………………………………………… 90

「体重が増えた」と嘆く妻へのアドバイス ………… 91

朝起きたときや夜寝ようとするときに ……………… 91

ママ友に対するモヤモヤした気持ちを訴える
妻の話を ………………………………………………… 92

美容院に行ってきた妻に
「似合ってる?」と聞かれて ………………………… 93

妻が職場の愚痴をこぼしているときに ……………… 93

妻も知っている友人が
二世帯住宅を建てた話の流れで ……………………… 94

テレビを見ながらちょっとしたことで
意見が分かれて ………………………………………… 95

家族旅行の行き先を妻に相談されて ………………… 96

妻に話しかけられ、受け答えはしているものの …… 96

4章 "自分に甘く、相手に厳しく"の攻防戦

食卓&お金&お買い物のスイッチ

気を抜くと「欲望」に振り回されることも
〜食卓&お金&お買い物〜 ………………………… 100

妻が夕食のおかずに
揚げ物を作っているところに ………………………… 102

食卓についた途端に口にしたフレーズ ……… 103

妻が作ってくれた
カレーライスや野菜炒めに ………………………… 103

妻が作ってくれたパスタを食べながら、
ふと思い出した ………………………………………… 104

帰りが遅くなり、
すっかり冷めた夕食につぶやいた ……………… 105

「このカレイの煮つけ、どう？」と尋ねられ ……… 105

揚げ物を食べようとしたら
ソースが切れていたので ………………………… 106

妻がママ友の悪口を延々と言っているので ……… 107

妻のお皿にシューマイが残っていたので ………… 108

のんびり飲みながら食べていたら
妻が食器を片付け始めたので ………………… 108

母親の得意料理の煮豆を妻が作ってくれたが …… 109

冷凍庫がパンパンの状態だが ……………………… 110

家電量販店で調理家電を買いに行った際に ……… 111

妻に相談なしで大きな買い物をしたのを
とがめられて反論 ………………………………… 111

「この服買ったの。どう？」
と妻に聞かれてひと言 …………………………… 112

ギャンブルの負けが続いて
小遣いの前借りを頼むときのセリフ …………… 113

「たまには贅沢もいいよね」と言い訳しながら …… 113

「これ、買っちゃおうかな？」と言う妻に ………… 114

美容院に行った妻に料金を尋ねて ……………… 115

ポイントカードを忘れた妻に ……………………… 115

酒を飲むと人におごる癖を妻にとがめられ ……… 116

「旬の味覚を楽しみたい」と思って ……………… 117

旅行先で博物館に行って
チケットを購入しながら言った言葉 …………… 117

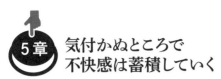

5章 気付かぬところで不快感は蓄積していく

日常生活のスイッチ

小さな不満も積もれば大爆発を引き起こす
〜日常生活〜 ……………………………………… 120

妻から何度も「座ってして」
と言われているが ……………………………………… 122

妻から何度も「帰る時間を伝えて」
と言われているが ……………………………………… 123

妻から何度も「もっと早く言ってよ」
と言われているが ……………………………………… 123

「体調が悪い」と横になっている妻に尋ねた ……… 124

不妊に悩む妻に「あなたも検査してみて」
と言われて ……………………………………………… 125

寒がりの妻が寝たあとで ……………………………… 125

妻の失敗や失言、
家の中の散らかっている様子などを ……………… 126

郵便ポストに投函するのを忘れて
妻に責められ ……………………………………………… 127

朝から「○時に出発しようね」
と言われていたが ……………………………………… 127

難しい相談をされたり
都合が悪い話になったりすると ……………………… 128

妻から何度も「カゴに入れて」
と言われているが ……………………………………… 129

妻から何度も「やめてよ」
と眉をひそめられているが …………………………… 129

妻が大好きなドラマで
いい場面になったときに …………………………… 132

一時期は心がけていたが、最近は気が緩んで …… 133

以前も「それやめたほうがいいよ」
と言われたが ………………………………………… 133

以前は注意されたものの、
最近は何も言われなくなり ………………………… 134

外食の際に …………………………………………… 135

近所に買い物に行くだけだからと、休日に ……… 136

それなりに気を付けているつもりだが、
洗面所の ……………………………………………… 136

ママ友に嫌われたかもしれないと気に病む妻に …… 137

体調がすぐれず、「早く病院に行ってよ」
と言われて …………………………………………… 138

ご飯を食べているときやソファーに
座っているときに …………………………………… 138

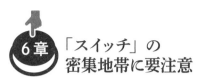

6章 「スイッチ」の密集地帯に要注意

実家&義実家&親戚のスイッチ

微妙な立場にある妻をあたたかく労わりたい
〜実家&義実家&親戚〜 ……………………………… 142

いつもはソファーでごろごろしてるだけだが …… 144

妻の実家で出てきた味噌汁に
驚いたという話で ………………………………………… 145

親の世話などできょうだいとの不公平を
妻に指摘されて…………………………………………… 145

帰省前に妻から「手土産は何がいいかな？」
と相談されて ……………………………………………… 146

それぞれの親が好きなテレビ番組の話になり…… 147

いつもはそれなりに家事をしているが、
自分の実家では …………………………………………… 148

義父と差し向かいでお酒を飲んでいるときに…… 148

実家で母親が作ったご馳走を前にして
放った軽口 ………………………………………………… 149

母親から「嫁失格」と言われて
怒っている妻へのフォロー ……………………………… 150

「実家の両親が…」と妻が話し始めた際に ………… 151

妻の実家から自宅に帰ってきて ……………………… 151

親戚の集まりでこき使われ、強い不満を
こぼす妻をなだめようとしたフレーズ ················ 152

帰省前に「まだ言わないでね」
と口止めされていたが ················ 153

親戚の子どもへのお年玉の額を
相談しているときにひと言 ················ 153

「お義姉さんに怒られた」と
顛末を話す妻に言ったセリフ ················ 154

話が合わない義両親にいろいろ聞かれ ················ 155

実家に帰省して「おふくろの味」に
感動しながら ················ 155

「両親がまた大ゲンカした」と
ウンザリしている妻を思いやって ················ 156

姑への不満を述べている妻にかけた言葉 ················ 157

妻の両親が高齢でも農業を続けていることを
称賛するつもりで ················ 158

30代半ばの妻の妹が
独身のまま実家に住んでいるのを心配して ················ 158

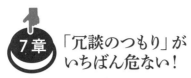

7章

「冗談のつもり」が
いちばん危ない!

ジェンダー&容姿&年齢
のスイッチ

古い意識を変えないと人間性まで否定される
〜ジェンダー&容姿&年齢〜 ················· 162

体調が悪くて仕事を辞め、
専業主婦をしている妻に ················· 164

幼い娘が選んだ服にダメ出し ················· 165

友だちとケンカをして
しょんぼりしている幼い息子を励まそうと ········· 165

落ち込んでいたら妻に
「どうしたの?」と聞かれて ················· 166

妻の何気ないひと言にカチンと来て
言い返したあとで ················· 167

夫婦で買い物中に同僚にバッタリ会って ········· 167

互いに正社員として働いているが
給与の額に差があり ················· 168

何度か妻と行った飲食店の
店主について話していて ················· 169

クルマを運転中に交差点で
ヒヤッとする場面で毒づいた ················· 169

子どものお弁当作りがたいへんだ
という妻を励ますつもりで ················· 170

妻の身内が難産の末に無事出産したという話で⋯⋯ 171

お酒を飲み、妻の顔を覗き込みながら
しみじみと口にしたセリフ ⋯⋯⋯⋯⋯⋯⋯⋯⋯⋯ 171

テレビのアイドルを
「カワイイ」と言う子どもに冗談のつもりで⋯⋯⋯ 174

夫婦で繁華街を歩いているときに ⋯⋯⋯⋯⋯⋯⋯ 175

キッチンで洗い物をしている
妻の後ろ姿を見てポツリと ⋯⋯⋯⋯⋯⋯⋯⋯⋯⋯ 175

「最近の推しなの」と言う妻へのリアクション⋯⋯ 176

洋服を選びながら「どっちが似合う？」
と聞かれて ⋯⋯⋯⋯⋯⋯⋯⋯⋯⋯⋯⋯⋯⋯⋯⋯ 177

忙しそうで疲れている妻をねぎらおうとして⋯⋯⋯ 178

ソファーでテレビを見ているときに
妻が体を寄せてきて ⋯⋯⋯⋯⋯⋯⋯⋯⋯⋯⋯⋯⋯ 178

冠婚葬祭などででかけたときに
妻の横顔を見ながら ⋯⋯⋯⋯⋯⋯⋯⋯⋯⋯⋯⋯⋯ 179

幼い娘の寝顔を見ながら妻に ⋯⋯⋯⋯⋯⋯⋯⋯⋯ 180

同年代の親戚や知人の女性について
噂話をしていて口を滑らせた⋯⋯⋯⋯⋯⋯⋯⋯⋯⋯ 180

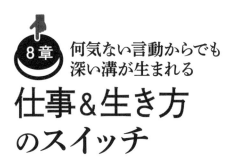

8章

何気ない言動からでも
深い溝が生まれる

仕事&生き方
のスイッチ

ふと口にしたひと言が深刻なガッカリを招く
〜仕事&生き方〜……………………………… 182

疲れた様子に「たまには休めば」
と言ってくれた妻に返した言葉……………… 184

妻にひと言の相談もなく、
ある日のでがけにポツリと…………………… 185

「もう少し子育てに協力してほしい」と言われて… 185

昇進し、「やることが増えちゃって」
とこぼした妻に………………………………… 186

イトコが会社を辞めてしばらく
無職らしいという話の中で…………………… 187

帰宅した途端、
矢継ぎ早に話しかけてきた妻をさえぎり…… 187

年下の上司に不満があり、
妻に愚痴をこぼしたときに出たセリフ……… 188

真面目に仕事して
家庭も大事にしているが……………………… 189

家に帰ってきてもいつも不機嫌で
口を開いたと思ったら………………………… 190

友だちが大企業から
ベンチャーに転職したという話の中で……… 190

妻から「これ、やって」と
家事などを頼まれるたびに ……………………… 191

クルマで高級車とすれ違うと ……………………… 192

料理好きな妻が作る手の込んだ料理を …………… 192

買い物だけでなく
人付き合いや家族の楽しみに関しても …………… 193

ニュースや歌番組を見ながら ……………………… 194

妻から「これってどういうこと」
と尋ねられたときに ………………………………… 194

妻が準備に手間取り、
電車に乗り遅れてひと言 …………………………… 195

同僚からこんなことを言われたと
怒る妻に有益な意見をと …………………………… 196

英会話を勉強しようと
教材を買ってきた妻をからかって ………………… 197

定期的に「これからの時代に必要だから」
と言い出して ………………………………………… 197

9章 「面倒なこと」を避けていると
"信頼"は遠のく

おでかけ&非常時
のスイッチ

「頼りになる夫」への道のりは険しく厳しい
〜おでかけ&非常時〜 ……………………………… 200

家族旅行の日程と行き先が決まったので ………… 202

いつもの癖が出てしまうのか
家族旅行中に ……………………………………………… 203

立ち寄った観光施設に
不満を述べる妻に返した言葉 …………………………… 203

旅行では徹底的に
下調べをするのはいいけれど ………………………… 204

妻が運転しているクルマの助手席から ……………… 205

妻が予約してくれた旅館に
着いてひと言 ……………………………………………… 205

ちょっとかしこまった
レストランでの食事会に ……………………………… 206

震度5以上の地震があったときに …………………… 207

子どもを病院に連れて行けるか
相談されたときに ……………………………………… 207

おでかけ時に妻が準備するのを待ちながら
言ったセリフ ……………………………………………… 210

居酒屋などで店を出てからもらした感想 ………… 211

前からそういう傾向があったが、
クルマの運転で ……………………………… 212

いつも任されている犬の散歩で …………………… 212

子どもがトラブルを起こして
学校に呼び出された際の対応 ……………… 213

マンションの階下からの苦情を受けるときに …… 214

趣味のハイキングで遠くに熊の姿が見えて ……… 214

10章 妻より優先していると、いつか「スイッチ」を押してしまう

友人関係のスイッチ

友人は大切な存在だが、妻はもっと大切である ～友人関係～ ……………………… 218

何度か会ったことがある妻の友人の話題が出て…… 220

家に遊びに来た妻の友人に
紹介された際の対応 ……………………… 221

「私の同級生のAちゃんいたでしょ」と話す妻に… 221

大切な友人に頼み込まれて断ることができず …… 222

友人が集まる飲み会があると
妻の意向も聞かずに ……………………… 223

一緒に買い物後、
妻が友人と待ち合わせているが……………… 223

嫁姑の問題で妻と意見が分かれ ……………………… 224

地元の幼馴染が親の会社を継いで
社長になったので ………………………………………… 225

友人を引き合いに出されて口走ったひがみ……… 225

学生時代からの友人について話していて
飛び出た悪口 …………………………………………… 226

友人夫婦を招いた鍋パーティで
妻が小さなミスをして ………………………………… 227

家に遊びに来た新婚の友人夫婦が帰ったあとで
口にした軽口 …………………………………………… 227

飲みに行こうとしたら
妻にイヤな顔をされて反論 …………………………… 228

友人との LINE グループでのやり取りに熱中し…… 229

同窓会があった妻が
当時の男友だちの話をしているときに …………… 229

「今日はお友だちとランチに行くの」
と妻に言われてひと言………………………………… 230

実は妻がやめてほしいと思っている

口癖のスイッチ ……………………………………… 42

ホメ言葉のスイッチ ………………………………… 86

相づちのスイッチ …………………………………… 130

言い訳のスイッチ …………………………………… 172

所作のスイッチ ……………………………………… 208

何気なく押していないかをチェック！

妻のスイッチ「家事編」……………………………… 53

妻のスイッチ「家の中編」…………………………… 54

妻のスイッチ「育児編」……………………………… 73

妻のスイッチ「会話編」……………………………… 97

妻のスイッチ「日常生活編」………………………… 139

妻のスイッチ「電車編」……………………………… 140

妻のスイッチ「実家編」……………………………… 159

妻のスイッチ「義実家編」…………………………… 160

妻のスイッチ「旅行編」……………………………… 215

妻のスイッチ「飲食店編」…………………………… 216

～あとがき～
せっかく夫婦になったんだから
「夫婦円満」という大きな幸せをつかもう………… 231

「妻のスイッチ」の危険度目安

✿✿✿……大爆発の恐れあり
✿✿………爆発する恐れあり
✿…………何度も押すと爆発する恐れあり

カバー・本文イラスト　ひらのんさ
本文デザイン・DTP　　ベラビスタスタジオ

1章

"手助け"のはずの言動が、
なぜか妻を怒らせる

家事のスイッチ

「よかれと思って」の言動がなぜか裏目に

～家事～

多くの夫は「家事を分担する」ことに異論はありません。しかし、分担の割合やスキルに対する妻の期待は、夫の想定をはるかに上回っています。

空回りや失敗を恐れず、チャレンジし続けるべし

　今どき「家事は女の仕事」「男が家事なんてみっともない」と思っている夫はいません。もしまだ生息していたら、妻からさっさと見切りをつけられるでしょう。

　ただ、役に立ちたいと張り切れば張り切るほど、「よかれと思って」の口出しや手出しが空回りして、押してはいけない「妻のスイッチ」を押してしまいます。

　おもな原因は、ほとんどの夫は妻に比べて、家事に関する基礎的な知識やスキルが圧倒的に不足していること。

　小学生にお手伝いをしてもらうのと同じで、教えたりあとでやり直したりなど、妻としては余計に手間がかかります。そのくせ実際は大人なので、わかったようなことを言っ

てしまいがち。そこがまた妻をイライラさせてしまいます。

妻に「教えを乞う」のが
賢い戦略

　家事を平和に分担するためには、常に「大先輩に教えを
乞う」という謙虚な姿勢が不可欠。さらに妻は、潜在的に
「自分のほうが家事の負担が大きい」「（スキあらば）夫は楽
をする」という不満を抱いています。

　夫がその自覚なしにダメ出しっぽい発言をしたり、ちょ
っと手伝った程度で得意げな態度を取ったりしたら、妻の
怒りのセンサーは敏感に反応します。

　たとえ、これまでに数々のスイッチを押してしまってい
たとしても、妻が感じていることにもう少し意識を向けて
みることで、円満な夫婦生活への道が開けるでしょう。

「俺、こういうの 苦手なんだよね」

　男性は勘違いしがちですが、「女性は生まれつき家事が得意」というわけではありません。何となく女性の役割ということになっているから、たとえ苦手でも好きじゃなくても、頑張って克服してきた人は山ほどいるでしょう。

　男性が口にする「こういうの苦手なんだよね」というセリフの背後には、「家事は男の仕事じゃない」「なんで自分がこんなことをさせられなきゃいけないんだ」という不満げな気持ちが、チラチラと見えてしまいます。

　自分では「かわいげのある一面」を示したつもりかもしれませんが、妻にしてみたら「なにを甘えたこと言ってんだ」としか思えません。

　「苦手なんだよね」と言ったら「しょうがないわね」と手伝ってくれる──。そんな母親的なイメージを妻に期待するのは、ちょっと考えものです。

　どうしても自分にはできないと思ったら、「掃除を代わりにやるから、こっちはお願いしていい？」と提案する手はあります。ただ、その場合は 1.5 倍ぐらいの労力がかかる仕事を引き受けないと、妻を納得させることはできません。

- -

夫株を 上げる ひと言
　ひとつの家事を終わらすや否や「次は何をやればいい？」と尋ねる

食事のあとで自発的に
洗い物をし始めたのはいいけれど

乾いた食器の上に
濡れた食器を置く

　前の食事のあとに洗った食器が、洗いカゴの中で自然乾
燥しているというのは、ありがちな状況。「ちょっとだから
いいか」と思って、あるいは何も考えないで、そこに濡れ
た食器を重ねるのは、厳に慎みましょう。

　それを見た妻は「あーあ」と深いため息をつきたくなり、
せっかく自発的に洗い物をしたお手柄も台なしです。

- -

　まずは乾いた食器を食器棚にしまって洗いカ
ゴを空にしてから、洗い物を始める

食後の洗い物などが
ひと段落ついたタイミングで

「なにか
手伝うことある?」

　家事がひと段落ついたときにこう言ったら、「いちおう手
伝う素振りを見せているだけで、この人は本気で手伝う気
はない」と判定されても仕方ありません。

　まだ洗い物が残っていたら、「あとは俺がやるよ」と交代
を申し出ましょう。座ったまま言うのではなく、妻の背後に
立って言わないと「口ばっかり」の印象を与えます。

- -

　手遅れなら「気が付かなくてごめん。次は俺が
やるね」と言いつつ肩を揉む

その日の最後にお風呂に入ったあとで
ビールを飲みつつ ✦✦✦

004

「お風呂場の床の隅、
ちょっとヌルヌルしてたよ」

　きっと妻は（口に出すかどうかはさておき）「そう思った
ら、自分で掃除すればいいでしょ！」と思うでしょう。

　夫の側は、「妻がうっかり見落としている部分を教えてあ
げた」ぐらいの得意げな気持ちになりがち。しかし、仮に
お風呂掃除は妻の担当だったとしても、妻が「教えてくれ
てありがとう」と感謝することは絶対にありません。

　かといって、担当である妻を差し置いて掃除を実施し、
「やっておいたよ」と告げたら、それはそれでイヤミったら
しい印象を与えそうです。

　「お風呂の掃除は気が付いたほうがする」ぐらいのゆるい
ルールだった場合は、このセリフはなおさらタブー。何もせ
ずに出てきておいてこう言うのは、あまりに大胆です。ま
た、気が付いて掃除したからといって、そのことを妻にわ
ざわざ報告する必要はないでしょう。

　いろいろ考えると、見なかったことにして黙っているか、
気になるなら自分がさっさと掃除してしまうかのどちら
か。誰かと一緒に暮らすって、何かと難しいですね。

- -

**夫株を
上げる
ひと言**
▶ 「今度の日曜、1時間だけ掃除タイムにしよう
か。トイレとお風呂、どっちをやるかジャンケ
ンしよう」

「今日の夕飯は俺に任せて」と言って
凝った料理を作ったが

005

作っただけで
後片付けはしない

昔から「家に帰るまでが遠足」と言いますが、同様に「後片付けまでが料理」です。しかし、たっぷり食べて飲んだあとは、なかなか腰を上げる気になりません。

「あとで片付けるから」と言ったまま寝てしまうなんてことになったら、もう最悪。妻は食器を洗いながら「もう二度と料理なんてしなくていい！」と強く思うでしょう。

- -

夫株を上げるひと言　「今日は何もしなくていいからね。もし寝ちゃっても明日片付けるから」

家中のゴミ箱のゴミを
まとめて集積所に持っていったが

006

新しいゴミ袋を
セットしていない

あちこちの部屋や洗面所のゴミを大きな袋にまとめて、それを集積所に持っていった時点で、ひと仕事終えた気になるのは無理もありません。しかし、新しいゴミ袋をセットするという重大な仕事が残っていました。

それをしないと、せっかくのお手柄が台なしになるばかりか、妻に「役に立たない夫」と思われてしまいます。

- -

妻を感動させる行動　新しい袋をぞんざいにゴミ箱に入れるのではなく、ふくらませてキレイにセットする

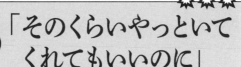

出そうと思っていた郵便物を
玄関に置き忘れた

007

「そのくらいやっといて くれてもいいのに」

　妻に「玄関にあったハガキ、出さなくてよかったの？」と
尋ねられて、思わずこう言ってしまいました。しかし、妻
にしてみれば、まだ何か書き足すつもりで出さずに置いて
あるのか、単に持って出るのを忘れたのか、判断しようが
ありません。

　これは一例ですが、妻に対して「やっといてくれてもい
いのに」と思う場面は、しばしばあります。妻もこちらに
対して、同じように思うことは多々あるでしょう。

　どのぐらい気を利かせてほしいか、気を利かせるかとい
う思いは、とかくすれ違いがち。気を利かせてやっておい
たことが的外れで、「どうしてやっちゃったの！」と相手を
怒らせるケースもままあります。

　こちらの期待に応えてもらえなかったからといって、相
手に不満を抱くのはお門違いだし、ましてや文句を言うの
は慎みたいもの。過剰な期待をすれば、自分の中で相手へ
の不満がふくらむし、相手にとってはうっとうしい重荷に
なるだけです。

妻が望んで
いること

やってほしいことがあったら、言葉にして伝え
る。もちろん、過剰な要求は禁物。言っていな
いことは、してもらえなくても文句は言わない

妻が料理中にキッチンペーパーが
なくなったと嘆いた

008 「常に予備を
置いておくといいよ」

そんなことは妻だって百も承知。ウッカリしていただけなのに、日頃は家のことにノータッチの夫が偉そうにアドバイスするのは、あまりにも命知らずの行為です。

説教臭いアドバイスをしているヒマがあったら、力を合わせて今の窮地を脱しましょう。「ティッシュじゃダメ？」などと尋ねて、手助けする姿勢を見せたいところです。

- -

妻が望んで
いること

たいしたことがないミスや間違いは、何も言わずにスルーする

洗濯乾燥機や食洗器などの
便利な家電を使いながら

009 「昔の主婦は
たいへんだったよねー」

妻が「そうね、今の時代でよかったわ」と受け取ってくれたら、何の問題もありません。しかし「今の主婦は楽でいいね」と言われていると受け取る可能性も大いにあります。

危険性のあるセリフを不用意に口にするのと、わざわざ悪い意味で受け取るのとどちらが罪が重いか、というのはまた別の話。平和を乱すリスクは未然に摘み取りましょう。

- -

夫株を
上げる
ひと言

「ホント、家電製品にはどれだけ感謝してもしきれないね」

「整理整頓は俺の ほうが得意だよね」

実際にそうだとしても、口にする必要はありません。まして妻は今、己の片付け下手っぷりを思い知らされて、自己嫌悪に至っている可能性が大。そんなタイミングでこのセリフを投げかけるのは、いささか思いやりに欠けます。

そもそも日本において、女性は「男性よりもきめ細かい心配りができなくてはならない」というプレッシャーを押しつけられています。理不尽で無意味なプレッシャーではありますが、なかなか振り払うことはできません。

整理整頓だけでなく、掃除や洗濯物干しやアイロンがけなど、家事がらみのスキルに関して、夫が「俺のほうがうまい」と言うのは、ケンカを売っているも同然の行為です。侮辱と受け取る妻も少なくないでしょう。いや、そう受け止めるのもおかしな話ではあるんですけど。

料理もしかり。たまに手の込んだメニューを作る分にはホメてもらえたとしても、基礎的なスキルは妻のほうがはるかに上……ということにしておかないと、多くの場合、ややこしい感情を刺激することになります。

- -

夫株を
上げる
ひと言
「俺もこういうことはあんまり得意じゃないけど、猫の手ぐらいにはなれそうだから一緒にやらせて」

久しぶりに結婚式に出ることになって
礼服を準備している

 011 「カフスボタン、
どこにしまった?」

　夫としては何気なく問いかけたつもりでも、妻は見つけられない責任を押しつけられているように感じて、「知らないわよ。自分で管理してよ」とカチンと来そうです。

　「どこにあるか知らない?」なら、危険度はちょっと低いかも。逆に、いくら焦っていても「どこにやっちゃったの?」という聞き方は、決してしてはいけません。

- -

妻が喜ぶ
リアクション
「自分のだらしなさが情けないよ。一緒に探してくれない?」と頼む

着たかったスーツが
クリーニング店にあるとわかった

 012 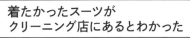 「えっ、あのスーツ、
まだ取ってきてないんだ」

　言った夫の側はそんなつもりじゃなくても、妻は責められたと受け止めるかも。「いるんだったら、早く言ってよ!」などと反撃したくもなりそうです。

　ケンカするつもりなんてぜんぜんないのに、たちまち険悪な雰囲気になってしまう──。不用意なひと言というのは、つくづく恐ろしいものです。

- -

妻が喜ぶ
リアクション
「いつも任せっきりでごめんね。今度、俺がまとめてもらってくるよ」

マンションの管理組合に
提出する書類を妻に頼まれて

013 「あとで書くよ」と言ったまま放置

　もちろん夫の側は、「あとで書く」という気持ちに嘘はありません。しかし「テレビが区切りになってから」とか「寝る前でいいかな」とか、自分で自分に言い訳し続けて、なかなか行動を起こせないのが常。手を付けたら5分で終わる簡単な仕事だとしても、いや簡単だからこそ、ズルズルとあと回しにしてしまいます。

　しかし、頼んだ妻の側は、夫の様子を見て、「まだ書かないのかな」「いつやるつもりなのかな」「本当にやってくれるのかな」と、ヤキモキしたり心配になったり……。だんだんイライラもしてくるでしょう。

　妻としては「自分でやったほうが楽」と思っても、いったん頼んだからには任せたほうがいいだろうし、夫に「今やろうとしてたのに」と逆ギレされたら面倒なので、見守るしかありません。

　自覚がないまま、妻に膨大な気苦労を背負い込ませるのは、非常に危険。夫に対する根深い不満や不信感は、こうした小さいことの積み重ねでできていきます。

- -

妻が望んでいること

「これやっておいて」と頼まれたら、とにかくすぐに手を付けることが大切。信頼をなくして、何も頼んでもらえなくなる前に実践を

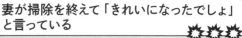

014

「ここにホコリが たまってるよ」

言った側は「親切に教えてあげた」ぐらいに思っているかもしれませんが、妻が満足感にひたっているこのタイミングでダメ出しをする必要性は、まったくありません。

粗探しや否定は、とても簡単です。しかも、やっているほうはちょっと気持ちいいのが、タチが悪くて危険なところ。くれぐれも落とし穴にはまらないようにしましょう。

妻が喜ぶ
リアクション

ここでは「うわー、お疲れさま。きれいになったね」以外の反応は許されない

卵の売り場で妻に
「どれにしようか?」と尋ねられて

015

「何だって同じだから、 安いのでいいよ」

たしかに大きな違いはないかもしれませんが、この答えはあんまり。「家族においしいもの、いいものを食べさせたい」という妻の気持ちを汲み取りたいところです。

しかも妻は、家族に対する自分の思いを夫が認識していないことを突きつけられて、激しくショックを受け、あらためて深く幻滅するでしょう。

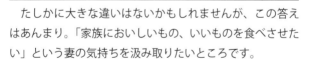
妻を感動
させる行動

「たまには奮発しようか」と言って、高いほうから3番目ぐらいの卵のパックに手を伸ばす

実は妻がやめてほしいと思っている

【口癖のスイッチ】

その口癖は、知らず知らずのうちに妻をイラっとさせているかも。まずは自覚することが改善への第一歩です。

016 「でもさ」「だって」「だけど」

こちらが話したことに対し、とくに根拠はないのにとりあえず否定で返されるのは、けっこう不愉快です。

- -

017 「いや、そうじゃなくて」

これも意味のない否定をするときの言葉。妻に責められて、苦し紛れに言い訳する場面でも使われます。

- -

018 「逆に言うと」

単に相手より優位に立ちたいだけの前置きで、ちゃんと逆に言っている話が続くことはまずありません。

- -

019 「ムカつく」「最悪だよ」

人生はままなりませんが、日々マイナスの感情を垂れ流され続けたら、妻はたまったもんじゃありません。

- -

020 「どうせ俺なんて」

自分を卑下したり否定したりする行為は、便利な言い訳という一面も。妻も、毎回慰めるのは面倒です。

021 「はいはい」

夫が、さも面倒くさそうな態度で話を切り上げてばかりいたら、やがて夫婦の会話はなくなるでしょう。

- -

022 「それも一理あるね」

妻の意見を尊重しているようでいて、背後に「自分はすべてお見通しだけど」という傲慢さが漂います。

- -

023 「なんでいつもこうなの」

尋ねているわけではなく、妻の落ち度を責めたいだけ。理由や原因を探る気持ちはまったくありません。

- -

024 「大丈夫、大丈夫」「わかった、わかった」

大丈夫でもないしわかってもいないのに、その場しのぎでこう返しがちな夫は、やがて妻に見限られます。

- -

025 「だ・か・ら!」

意見がぶつかったときに強い口調でこう言ったら、余計に険悪になるだけ。何の解決にもなりません。

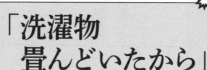

026 「洗濯物
畳んどいたから」

「忙しい妻を助けたい」と思って、慣れない洗濯物畳みにトライした心がけは、じつにアッパレ。しかし、得意げに報告したら、せっかくの「夫株を上げる行動」が台なしになってしまいます。

妻のほうは日頃、洗濯物を畳んだからといって、いちいち夫に報告してはいないはず。洗濯物が畳まれていることは見ればわかります。わざわざ報告されたら、たとえこっちはそんなつもりはなくても「ほら、すごいでしょ。ホメてホメて」と言われている気持ちになるでしょう。

ここは黙っていたほうが、「畳んでおいてくれたのね。ありがとう！」という感激と称賛の言葉につながります。

しかも、忘れてはならないのは、初心者の夫が畳んだ洗濯物は、慣れている妻から見ると至らないところだらけである可能性が高いということ。にもかかわらず暗にホメることを強要するのは、けっこう大胆です。

もし妻に「こうじゃないわよ」と畳み方のダメ出しをされたとしても、反発せずに素直にやり直しましょう。

- -

妻を感動
させる行動

洗濯物を畳むときに、妻からレクチャーを乞う。日頃から、妻が畳んでいるときに手伝って、やり方を覚えようという姿勢を見せるのも吉

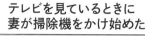

テレビを見ているときに
妻が掃除機をかけ始めた

027

「いいところだから、
後にして」

幼児だったらかわいいセリフですが、いい大人の夫に言われたら、妻は「こっちは掃除してるのに、なにひとりでテレビ見てるのよ！」とカチンと来るでしょう。

さらに、自分では「テレビに熱中している自分に、少年っぽい純粋さを感じてくれるかも」ぐらいの都合のいい勘違いをしているケースも。それは１０００％、妄想です。

- -

 すぐテレビを消して、床に散らかっているものを片付ける

トイレットペーパーの残りが
微妙な長さだったが

028

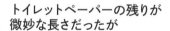

取り換えずに
そのままにしておく

「まだもう１回分あるかな……」と思っても、先手を打って新品のトイレットペーパーをセットしておきましょう。残りが少ない状況は、夫株を上げる絶好のチャンスです。

あと少しなら便器などの汚れをさっとふき取って使い切るもよし。新品がセットされている状態を見た妻は、夫への愛を深めてくれるでしょう。不満は水に流しつつ。

- -

 先端を三角に折るのも、ちょっとオチャメ。ただ、それが当たり前になると面倒くさいかも

029

「靴下は裏返して
洗うのが正解らしいよ」

そういう説もあるようですが、まあ、どっちでもいいと言えばどっちでもいい話です。

「靴下は裏返して洗ったほうがいいとネットで見た」と伝えること自体は、危険でも何でもありません。妻が洗濯を担当しているとして、「へぇー、今度やってみようかな」と食いつくこともあれば、「面倒だから表のままでいいかな」とスルーされることもあるでしょう。

このセリフの問題点は「ずっと言おうと思ってたんだけど」という前置きと、「正解」という単語を使っているところ。言いづらいと思いつつ意を決して言った事情はわかりますが、ふたつの問題点のせいで、何気ない雑談のはずが、一気に刺激的な響きをまとってしまいます。

「ずっと〜」を付けることで、妻は「私の洗い方に、ずっと前から不満を持ち続けていたのか」と愕然とし、これまで口にしなかった夫に不信感を抱くでしょう。さらに、今とは別の洗い方を「正解」と言ってしまうと、妻を「キミは間違っている」と断罪することになります。

妻が喜ぶ
リアクション

まずは「どう洗っても同じだよね」と鷹揚な姿勢を見せ、妻が興味を持って実践したら、「やっぱりきれいに洗えるね」とホメる

ご飯を食べ終わって
「ごちそうさま」と言ったまま

030 使った食器を流しに
片付けない

　何となく「食器を流しに運ぶのは妻の役目」になっているとしても、妻は食事のたびに「このぐらい自分でやればいいのに」と思っている可能性は大。

　不満を口にしないことと、不満がないこととは別です。「言うのが面倒だから黙ってるけど、本当はイヤだと思っている」ことは、きっとたくさんあるでしょう。

夫株を
上げる
ひと言
「今までやってもらってたけど、これは自分がやったほうがいいね」と宣言する

妻が用事で外出。
「洗濯機回しておいて」と言われて

031 洗濯機を回しただけで
あとは放置

　もう一歩、踏み込んだ想像力を働かせたい場面です。帰ってきた妻に責められて、「だって干せとは言われてないから」と言い返したら、心の底から呆れられるでしょう。

　乾燥機付きのドラムタイプだとしても、放置しておいていいわけではありません。ずっと入れっぱなしにしておくと、素材によってはシワシワになってしまいます。

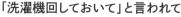

妻を感動
させる行動
洗濯物を干して、乾いたら取り込んで畳んでおく。乾燥機付きの場合も、取り出して畳む

032 「えっ、掃除機って毎日 かけるもんじゃないの?」

　もしかしたら、実家の母親はそうしていたのかもしれません。しかし、それが「当たり前」だと思ったら大間違い。掃除にせよ洗濯にせよ料理にせよ、それぞれの家ごとのやり方があり、それぞれの「正解」があります。

　こちらとしては、何気なく出たひと言かもしれません。しかし、言われた妻にとっては、自分のスタイルを否定されたことや、義母と比べられたこと、これまで掃除機をかけることに何の興味も持っていなかったことなど、極めて重い意味を持ってしまいます。

　そもそも、いつまでも「実家の常識」や「実家の感覚」を引きずっていて、それを何の悪意もなく妻にぶつけてしまうところが、かなりウカツ。仮に妻の側が、「ウチのパパはこうだったよ」と父親と夫を比べるようなことを言ったとしたら、さぞ不愉快でしょう。

　「1週間も掃除機をかけないのは不衛生では」と思ったとしても、妻を責めるのは筋違いである上に極めて危険です。冷静に話し合って、落としどころを探りましょう。

- -

「いつもありがとう。俺も手伝いたいから、今度掃除機のかけ方を教えて」と下手に出つつ提案して、実際に行動に移す

妻と話し合って時々は
自分が掃除機をかけているものの

033 いつまでも
ゴミパックを交換しない

洗濯機のゴミ取りネットも同じですが、日頃から使い慣れていないと、意外な盲点があります。掃除機をかけただけで満足している場合ではありません。

次に妻が掃除機を使おうとして、まず最初にいっぱいになったゴミパックの交換をする羽目になったら、夫への静かな怒りがフツフツと湧いてくるでしょう。

 「そろそろ交換したほうがいいかな。もう1回ぐらいいけるかな」と相談する

妻と話し合って時々は
自分が食器を洗っているものの

034 シンクのゴミ受けを
取り換えない

これも、毎回必要なわけではないが故の落とし穴です。うっかりミスとは限りません。水の流れが悪くなっていることに気付いていても、「次のときに妻が取り換えるだろう」と見て見ぬフリをしているケースも。

小さなうっかりや小さな手抜きは、積み重なると夫に対する大きな不信感を生んでしまいます。

 「まだもう少し大丈夫」と感じても、早め早めに取り換えて妻の手間を減らす

掃除をしている妻に「少しは手伝ってよ」
と言われて

035

「何をすれば
いいの？」

　こちらとしては、的外れな手伝い方をして逆に邪魔になってはいけないという思いから、とりあえず妻の意向を聞いてみました。しかし、言われた妻は「自分で考えろ！」という気持ちになるでしょう。

　こう聞かれたら、妻は頭を働かせて、具体的に「ここをこうして」と指示を出さなければなりません。何気ない問いかけのようですが、忙しく働いている妻にそれをさせるのは、ちょっと迷惑です。

　妻が気持ちに余裕があるときなら、すんなり「これをやってほしい」という話になるでしょう。状況とタイミングを考えずに、平気でこう聞けるところも、妻にしてみれば神経を逆なでされるポイントです。

　そもそもこのセリフを口にできるのは、心の中に「掃除は本来は妻の仕事である。そこまで言うなら手伝ってあげてもいいけど」という思いがあるから。そんなつもりはなくても、そう受け取られかねないセリフだという認識は、持っておいたほうがいいでしょう。

- -

妻が望んで
いること

「じゃあ、俺は窓拭きをするよ」と、妻の手が回っていないところを提案する。その上で「ほかに何をすればいい？」と聞くのはアリ

やることが重なって
妻がちょっとテンパっている ✺✺✺

036
「なんでもっと効率 よくできないかな」

「岡目八目」という言葉があります。囲碁の対局をしている当事者は、一手一手を打つのに精いっぱいですが、横で見ている人は8手先まで読めるという意味。

家事にせよ仕事にせよ、横から見ていると「もっとこうしたほうが」「それよりもこっちを先に」など、当事者以上に状況が把握できて、いろいろ口出ししたくなります。

しかし、一生懸命やっていて、しかもちょっとテンパっているときにこう言われたら、どんなに腹が立つことか。こっちは親切心でアドバイスするつもりだったとしても、妻は「何もしないくせに口だけ出してくるな」という気持ちになるでしょう。

相手を否定する言葉から入ると、どんなに有益なアドバイスでも耳を貸してはもらえません。この場合は、具体的なアドバイスがあるのかどうかも怪しいところです。

「なんで〜かな」は、相手を見下して優位に立つための言い方。妻としては、答えに詰まることがわかっていてそう聞いてくるところが、また激しく腹が立ちます。

- -

夫株を
上げる
ひと言

「たいへんそうだね。俺にできそうなことがあったら言って」と声をかけつつ、妻がテンパっている原因を見抜き、それを順番に取り除く

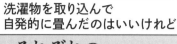

それぞれの
畳み方が妻と違う

洗濯物を取り込んで
自発的に畳んだのはいいけれど

洗濯物の畳み方は、人の数だけ流儀があると言えるでしょう。妻としては、夫が珍しく畳んでくれたのに、細かい文句をつけるのは気が引けます。

言いたいけど言えないもどかしさが、妻の心の底にオリのようにたまってしまうかも。「ありがとう」と言う妻の表情が少しでも曇っていたら、非常に危険です。

夫株を上げるひと言
「俺なりに畳んでみたけど、こういうやり方でよかったかな。違ってたら教えて」

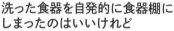

定位置を無視して
適当に詰めてある

洗った食器を自発的に食器棚に
しまったのはいいけれど

食器の片付けは、いつもは妻がやってくれています。「たまには手伝おう」と思ったまではアッパレな心がけ。

しかし、それぞれの食器の定位置を無視して適当に詰めてしまったら、せっかくのお手柄も台なしです。それでいて「入れといたから」とドヤ顔をして暗にお礼を求めたりしたら、妻を激しくモヤモヤさせるでしょう。

妻が望んでいること
ある程度入れたところで「このお皿は、この場所でいいの？」と妻にチェックを求めて修正する

何気なく押していないかをチェック!

妻のスイッチ【家事編】

「スイッチ」は、いたるところに潜んでいます。身に覚えがないか、胸に手を当てて考えてみましょう。

 039 衣類の洗濯表示をまったく見ずに
何でも一緒に洗う

 040 窓や窓枠の結露を「拭くもの」
と認識していない

 041 油のついた食器とついていない食器を
無頓着に重ねる

 042 読んだ新聞や雑誌を
テーブルに広げっぱなしにする

 043 お風呂に最後に入ったあと、
ただお湯を抜くだけ

 044 めったに使う機会がない調味料を
どんどん買ってくる

 045 よれよれの下着や穴あきの靴下を
いつまでも捨てない

 046 しつこく頼んでも
庭の手入れに協力する気がない

 047 ゴミの種類ごとにゴミ箱があるのに
無視して捨てる

 048 家にいるときに宅配便の配達があっても
居留守を使う

何気なく押していないかをチェック！

妻のスイッチ【家の中編】

「スイッチ」は、いたるところに潜んでいます。身に覚えがないか、胸に手を当てて考えてみましょう。

 049 洗濯物を限界以上に
ぎゅうぎゅうに詰めて洗濯機を回す

 050 洗ったフライパンが
ぬるぬる＆鍋底に汚れが残ったまま

 051 夕食後に冷蔵庫を開けて
食べるものはないか物色する

 052 食事中でも話の途中でも
おかまいなしにオナラをする

 053 妻が嫌がっているのに
しつこくスキンシップをしたがる

 054 爪を切るときに
爪をそのへんに飛ばしたまま片付けない

 055 ハサミや爪切りやボールペンなどを
定位置に戻さない

 056 お風呂上りに部屋の中を
パンツ一丁でウロウロする

 057 ドアや戸を乱暴に閉める＆
いつも開けっ放しにする

 058 宅配便を受け取ったとき
配達の人にお礼を言わない

2章

余裕がないからこそ、
不満がつのる

育児のスイッチ

お互いに「初心者」で あるが故の衝突も多い

～育児～

パパもママも、我が子への愛情やすこやかな成長を
願う気持ちは同じ。家族にとってちょうどいい「力
の合わせ方」は、きっと見つかります。

意気込むことは問題ないが、
気負いすぎてしまうのは危険

パパは、最初からパパではありません。育児に悪戦苦闘
しながら、徐々にパパになっていきます。ママも同じ。お
互いに「何が正解か」はよくわからないまま、今の自分た
ちにできることを精いっぱい頑張っています。

ただ、「子育てにちゃんと参加したい」と意気込むのは大
いにけっこうですが、ちょっと気負いすぎてしまいがちな
のが難。とりあえず「イクメン」を形だけなぞって悦に入
ってみたり、聞きかじった知識を語ってみたり……。

ママはママで気負いがあるので、パパをあたたかく見守
る気持ちの余裕はありません。ちょっと過敏に反応して、パ
パへの怒りが芽生え、言い争いに発展してしまいます。

　しかも、パパは心の奥底で「育児はやっぱりママにはかなわない」という引け目を抱きがち。それを言い訳にママをアテにして、消極的になってしまう場面もあります。

理不尽なダメ出しや落胆を
黙って受け止めることも大切

　妻であるママに、至らない部分を責められるのは仕方ありません。しかし、時に理不尽なダメ出しをされたり、ご期待に添えずにガッカリされたりすることがあります。

　つらいところですが、そういうことを黙って受け止めるのも、夫であるパパの大切な役目。ふんわり受け止めつつ、自分の反省点を少しずつ改善していけば、やがて妻にとっても夫にとっても、そして子どもにとっても、ストレスがいちばん少ない我が家流のスタイルができていくでしょう。

059

「子どもを見てて」と頼まれて
預かったけどグズり出した

「やっぱりママじゃ
ないとダメだ〜」

子どもがグズり出すと、たしかに途方にくれます。どうすれば落ち着くのか、さっぱりわかりません。しかしそれは、母親でも同じこと。「慣れている母親のほうが対処が上手なはず」と考えるのは、都合のいい思い込みです。

妻が「子どもを見てて」と言うときは、何か理由があってのこと。ちょっとグズり出したからといって「やっぱりママじゃないとダメだ〜」と言って子どもを返されたら、アテが外れたり予定が狂ったりしてさぞ困るでしょう。「夫は頼りにならない」という確信にもつながります。

夫の側は「ママの特別な存在意義を強調してあげているんだから、妻も悪い気はしないはず」と考えがち。しかし、それはいささか手前みそであり、任せられた役割を放棄する理由にはなりません。

任されたからには、あやしたりおむつを替えたりなど、全力で対処しましょう。悪戦苦闘して初めて、妻からの「父親としての信頼」が得られます。ただし、本当にピンチの場合に助けを求めるのはやむを得ません。

- -

夫株を
上げる
ひと言
妻が心配そうに「大丈夫?」と声をかけてきたときには、「大丈夫。泣かれるのもいい経験だから」と返す

58

おむつ替えをしたら妻に
「ありがとう」と言われた

060
「俺がダンナで
お前は幸せだよな」

　妻から「調子に乗るな！」と即座に突っ込みが入りそう
な場面です。そうじゃないとしても、激しく呆れて、せっ
かくの感謝の気持ちは消え去ってしまうでしょう。

　こういうセリフは、妻の口から出てきたならさておき、自
分で言ったら台なし。じつは妻のことは二の次で、自分に
しか興味がない本性をのぞかせることにもなります。

- -

夫株を
上げる
ひと言
「このくらい当たり前だよ。足りないところは
どんどん言ってね」

妻が「あの子は走るのが苦手らしい」
とこぼしている

061
「ウチの家系で足の遅い
人はいないんだけどな」

　夫としては、他愛ない軽口として“事実”を言っただけの
つもりかもしれません。しかし、妻は「お前の血筋のせい
だ」と責められているように受け止めるでしょう。

　子どもに関する相談事では、あやふやな根拠で原因の追
求をしても仕方ありません。大切なのは、これからどうして
あげたいか、親として何ができるかです。

- -

妻が喜ぶ
リアクション
「誰だって得意不得意があるから気にしなくて
いいよ。あの子なりの長所もいっぱいあるし」

062

「ほら、またママに 怒られるよ」

子どもというのは、基本、こっちの言うことを聞いてくれません。思うように動いてもくれません。かといって、いちいち声を荒げて叱るのは避けたいところです。

そんな状況で言ってしまいがちなのが、このセリフ。一瞬、ママを立てているようにも聞こえますが、実際はママに悪者役を押しつけているだけです。ママだって、子どもにとって怖い存在になりたいわけではありません。しつけだと思って仕方なく叱っているだけです。

こっちがご飯を食べさせている横で、たとえば片付けものをしているママがこのセリフを聞いていたら、「なにそれ! 自分ばっかりいい子になろうとしないでよ!」と、さぞ腹が立つでしょう。

このセリフからは、悪者役を押しつけようというズルい姿勢だけでなく、子どものしつけをする主体はあくまでママで、自分に責任はないというスタンスも透けて見えてきます。

子どもの父親としても夫としても、一気に信頼をなくしかねない危険性を秘めたセリフと言えるでしょう。

妻を感動
させる行動
「おお、上手に食べられたね」などとおだてながら、最後まで根気よくご飯を食べさせる

妻が子どもより先に自分が
寝てしまうことを嘆いている

063 「母親としての
自覚が足りないよね」

妻だってせいいっぱい頑張っています。至らないのはわかっているし、反省だってしています。歯がゆいことがあったとしても、「母親としての自覚」をどうこう言うのは大きなお世話以外の何ものでもありません。

まして、日頃から寝かしつけを妻に任せている夫が言ったら、しばらく口を利いてもらえなくなるでしょう。

妻が喜ぶ
リアクション

「ハハハ。疲れてるんだからしょうがないよ。たまには俺が寝かしつけようか?」

妻のママ友や義父母に
育休を取っていることを感心された

064 「子育てって
奥が深いですね」

感心してくれた相手に「イクメン」っぽいことを言いたい気持ちはわかります。しかし、横で聞いている妻は、間違いなく「ちょっと手伝ってるぐらいでイイ気になるな」とウンザリした気持ちになっているはず。

同様に「妻の苦労がよくわかりました」や「世の中の母親への尊敬の気持ちが高まりました」なども危険です。

夫株を
上げる
ひと言

「ぜんぜん役立たずで、○○(妻の名前)の足を引っ張ってばっかりです」

疲れている妻が「子育てって
たいへんね」と弱音を吐いた

065

「ほかのお母さんは
みんなやってるんだから」

　これは、夫として「もっとも言ってはいけないセリフ」の
ひとつです。いちおう励ますつもりかもしれませんが、そ
の意図はまったく伝わりません。追い詰められている妻を
ますます苦しめるばかりか、苦しさを理解してくれない夫
への激しい幻滅につながるでしょう。

　妻は「もう嫌だ」と、子育てを投げだそうとしているわ
けではありません。ちょっと弱音を吐いて、自分を奮い立
たせて、また明日から頑張ろうと思っています。

　妻が夫に伝えたいのは「自分は今、ちょっと疲れている」
ということ。「ほかのお母さん」がどうであろうと関係あり
ません。まして「みんなやってるんだから」と言われたら、
それができていない自分に対して「母親失格」の烙印を押
されているように感じるでしょう。

　妻に限りませんが、誰かが弱音を吐いたときに必要なの
は、優等生的な励ましやアドバイスではありません。「たい
へんだよね」と共感して、つらさや苦しさを受け止め、少
しでも分かち合ってあげることです。

- -

妻が喜ぶ
リアクション

「たいへんだよね」と受け止めつつ、「毎日、頑
張ってくれてありがとう。僕にできることがあ
ったら何でも言ってね」と続けたい

子どもにどんな習いごとをさせるか
妻に相談された

066 「俺はよくわからないから、
任せるよ」

一見、妻の考えを尊重しているようにも見えるし、言っている夫もそんな気になっているかもしれません。しかし言われた妻は、「考えるのが面倒くさいから丸投げしているだけ」という真意をひしひしと感じるでしょう。

わかるとかわからないという問題ではなく、大切なのは夫婦で顔を突き合わせて一緒に悩むことです。

 「そうだなあ、何がいいかなあ。俺は△△とかやらせてみたいけど、キミはどう思う？」

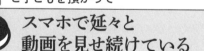

「俺が見てるから大丈夫だよ」
と子どもを預かって

067 スマホで延々と
動画を見せ続けている

自分としては「ちゃんとおとなしくさせていて、妻に面倒はかけていない」という解釈かもしれません。しかし、その光景を微笑ましく見てもらえると思ったら大間違い。

妻は妻で時には動画を活用していたとしても、それとこれとは別の話です。夫が子どもと遊ぼうとせずにハナから動画に頼っていたら、きっとカチンと来るでしょう。

 たとえ子どものノリが悪くても、次々と遊びを提案して悪戦苦闘する姿を見せる

イタズラを妻に叱られて
子どもが大泣きしている

068

「叱るときは子どもの目を
見るといいらしいよ」

子どもが大泣きしているという一種の混乱状態を脱するために、何か建設的な提案をしようとしたつもりかもしれません。しかし、この状況で聞きかじった育児のウンチクを述べるのは、あまりにも命知らずです。

叱っている妻だってかなりイライラしてるだろうし、たとえそのウンチクが有益だったとしても、すでに大泣きしている子どもに対しては何の意味もありません。妻は「いいから黙ってろ」としか思わないでしょう。

そもそも、ほかのすべてのウンチクと同様、「聞きかじった育児のウンチク」は、どんなタイミングで言っても、聞かされる側にとっては迷惑なだけ。「へえー、よく知ってるのね」と感心されたり、「そうなのね。教えてもらって助かったわ」と感謝されたりすることはありません。

「妻の今のやり方よりも、明らかにこっちのやり方のほうがいいはず」と思った場合は、口で言うより先に、自分で念入りに実践して効果を確認してからにしましょう。そうすれば、少しは耳を傾けてもらえます。

- -

妻が望んでいること

たとえばこの状況の場合、横から評論家っぽく口を出しているヒマがあったら、一緒にあやす努力をする

我ながら積極的に育児に
参加している自負があるので

069 外で「イクメン」を
アピールしがち

　自分では立派な「イクメン」のつもりでも、妻が認めているとは限りません。むしろ、夫の育児参加の度合いに満足しているケースはほとんどないと言っていいでしょう。

　ひとりでいい気になっているだけならまだしも、夫が外でイクメンをアピールすればするほど、妻は「その分、母親は楽をしている」と言われている気がしてしまいます。

- -

 「自分の育児参加は足りていない」という謙虚な気持ちを持ち、着実に進歩していく

会社の方針で妻の出産直後に
数週間の育休を取ったが

070 妻が具体的に
指示しないと何もしない

　いちおう「妻を助けたい」という気持ちはあるのかもしれません。しかし、せっかく育休を取っても、自分でやることを見つけて動かないと、ただ邪魔なだけです。

　何をしていいのかわからなければ、妻に尋ねるなり話し合うなりしましょう。ここで役に立つ存在になれなかったら、妻の夫に対する信頼と愛情は大きく減少します。

- -

 最初は妻の指示を仰ぐとしても、徐々に自分で判断できるようになる

071

「そんなに怒らなくても いいんじゃないの」

子どもを叱るのは簡単ではありません。どんな加減が適切なのか、どういう言い方をすれば伝わるのか、親は模索し続けざるをえません。

妻が子どもを叱っている様子を見ながら、「ちょっと厳しすぎるんじゃないかな」と感じたり、妻が感情的になっている気配が伝わってきたりすることもあります。

自分としては、妻をなだめつつ子どもに助け舟を出してあげようと思って、言葉をはさみました。しかし、間違いなく火に油を注ぐ効果しかないでしょう。

妻には妻の考えがあって子どもを叱っています。そんなときに横から夫に口を出されるのは、邪魔以外の何ものでもありません。子どもとしても母親と父親の意見が食い違ったら、どう受け止めていいのか混乱します。

怒り方について「さすがにちょっと言ったほうがいいかな」と思ったとしても、伝えるのは妻が落ち着いているときにしましょう。相手が聞く耳を持っていないときにアドバイスしたら、無駄にケンカになるだけです。

- -

夫株を
上げる
ひと言

子どもに向かって「ママに謝ろう。パパもいっしょに謝ってあげる」と提案して、声を揃えて妻に「ごめんなさい」と言う

妻がいない日に子どもの世話を
引き受けたのはいいが

072 せがまれるとすぐに お菓子を与える

　子どもの要望を突っぱねるのは、なかなか容易ではありません。スーパーでガチャガチャを何回もさせたり、オモチャを買い与えたりといったパターンもありそうです。

　妻としては日頃のしつけが水泡に帰して、「なんてことしてくれるのよ」と絶望的な気持ちになるでしょう。「自分だけいい顔して」という怒りも湧いてきそうです。

妻が望んで
いること

親としての自覚を持って、子どもが泣こうが騒ごうがダメなものはダメという姿勢を貫く

言うことを聞かないなど
子どもが困った行動をした

073 「まったく、 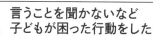 誰に似たんだろうね」

　育児においては、子どもの行動や態度にウンザリする場面がしばしばあります。自分としては、とくに深い意味はなく、何なら自虐の意味も含めてこうつぶやきました。

　しかし、妻は「キミの短所を受け継いだんだ」という非難だと受け取って、激しくカチンと来るでしょう。「そんなつもりじゃないよ」という弁解は、きっと無力です。

妻が望んで
いること

意味のない原因追求をせず、目の前の子どもともっと真剣に向き合う

子どもが平仮名を読めるようになった
と妻が喜んでいる

074

「俺が○歳のときは、
カタカナも読めたけどね」

人間は、つい反射的にマウントを取りたくなる動物です。「名前を書けたけどね」でも「時計が読めたけどね」でも、ここで我が子に対抗意識を燃やして、優位に立とうとする必要はまったくありません。

自分としては、対抗意識を燃やしたわけではなく、ただの昔話のつもりだったかもしれません。だとしても、極めて不適切なリアクションです。

妻は子どもの成長を一緒に喜びたくて、平仮名を読めるようになったと報告してくれました。何はさておき、まずは「すごいね！」と嬉しそうに驚くのが、夫としての大切な役割であり、親として当然の反応です。

そこで「自分はこうだった」と語り始めても、妻が「さすがね」とか「やるわね」と感心することは絶対にありません。器の小ささを見せつけるだけです。

しかも、「お前の育て方が悪いから、まだそんな段階なんだ」という非難に聞こえる可能性も。もし妻がそう受け止めたら、夫婦関係に大きな亀裂が生じてしまいます。

**夫株を
上げる
ひと言**
嬉しそうに驚いたあとで「そっか、着実に成長してるんだね。今度、○○が読めそうな絵本を探しに行こうか」と提案する

妻に子どもの平熱を尋ねたら
「えーっと」と言い淀んだ

「母親なのに、わからないの?」

1歳の子どもが熱っぽくて、少しぐったりしています。体温計で熱を測ってみたら「37℃台」でした。妻に「平熱はどのぐらい?」と尋ねたら、「えーっと」と考えています。子どもが心配で平常心を失っていたせいもあって、思わずこう言ってしまいました。

妻もわからないわけではなく、同じように平静を失い、数字が出てこなかっただけかもしれません。すぐ答えられなかった後ろめたさや、責められたことへの反発が相まって、激しい怒りを覚えるのは確実です。

さらに不用意だったのは、ここで「母親なのに」と言ったこと。父親の自分も我が子の平熱を知らなかったくせに。

とっさに出てしまう言葉は、隠している本音が反映されてしまいます。日頃は「パパである自分も育児をきちんと分担するべき」というスタンスで振る舞っていたとしても、心の底では「育児は母親の仕事」と思っている本音が漏れ出てしまいました。「そうは思っていない」と言い張っても手遅れ。妻は夫の"正体"に激しく幻滅するでしょう。

夫株を上げるひと言　「ごめん。急に言われても出てこないよね」とフォローする。妻が実際に子どもの平熱を把握してなかったとしても、責めてはいけない

熱を出した子どもを珍しく自分が
病院に連れて行ったが

076

医者の話を
しっかり聞いてこない

いつもは妻が病院に連れて行きますが、今日は都合がつきませんでした。診察を受けてきたものの、帰ってきた妻に「原因は何だって?」「どんなもの食べさせればいいの?」などと聞かれても、ぜんぜん答えられません。

この調子では、お医者さんに病状を説明できたかどうかもアヤシイと、妻は不安をふくらませるでしょう。

- -

妻が望んで
いること

連れて行っただけで役目を果たした気になっていないで、ちゃんと当事者意識を持つ

妻に「あの子も、もうすぐ誕生日ね」
と言われたが

077

日にちがすぐに
思い出せない

記念日をどのぐらい重視するかは、人によって差があります。さすがに何月生まれかは覚えていたものの、何日だったかがすぐに出てきませんでした。

妻は、我が子への愛情を激しく疑うに違いありません。妻の誕生日や結婚記念日も、すらすら出てこないとたいへんなことになります。折に触れて再確認しましょう。

- -

妻が喜ぶ
リアクション

「あの日は~だったよね」と思い出話をしつつ、あらためて妻に労わりの言葉をかける

子どもの夜泣きが激しくて
夜中に何度も起こされる

078

「毎日この調子だと、会社でも眠くて仕事にならないよ」

　毎日続くと、そう言いたくなるでしょう。妻を責めるつもりはまったくなく、ちょっと弱音をこぼしただけのつもりかもしれません。しかし、これは妻に対して夫が絶対に口にしてはいけないセリフのひとつ。

　眠いのは妻も同じだし、子どもが夜泣きするのは妻のせいではありません。もちろん、子どもに責任があるわけでもありません。泣くのは子どもの仕事であり、成長するために泣くという仕事を全力で頑張っています。

　夜泣きをした子どもをあやすのは、妻の役割になりがち。横で寝ているだけのことも多い夫にこう言われたら、妻の怒りはいかばかりか。不満を漏らす前に、自分にどんな手助けができるかを考えましょう。

　たしかに、仕事に支障が出るほどの睡眠不足は、どうにかしたいところ。それはそれで、妻と改善方法を相談したほうがいいでしょう。ただし、妻の負担を増やすことになる（＝恨みと不信感を増やすことになる）ぐらいなら、自分が睡眠不足に耐えるのが夫としての役目です。

妻が望んでいること

母乳をあげることはできない分、「おむつは僕が替えておくから寝ていていいよ」と言うなど、妻が1分でも長く寝られるように協力する

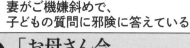
妻がご機嫌斜めで、
子どもの質問に邪険に答えている

079 「お母さん今、
機嫌悪そうだから」

たとえば「僕の青い靴下どこ？」と聞いたら、強い口調で
「自分で探しなさい！」と言われて、子どもも戸惑っていま
す。妻をフォローするつもりで、こう言いました。

しかし妻としては、機嫌が悪い自分を笑われている気が
して、ますますイライラするでしょう。機嫌が悪い原因が
夫である自分にあった場合は、なおさら禁句です。

- -

夫株を
上げる
ひと言

とんだ災難に見舞われた子どもに「お父さんと
一緒に探してみよう」とやさしく声をかける

自分も片付けが苦手で
妻から怒られるのに、子どもに対して

080 「ちゃんと片付けなさい！」
と怒る

子どもに片付けの習慣をつけさせるのは、とても大切で
す。自分のことを棚に上げている自覚はありつつも、父親と
しての使命感を発動して怒ったのかもしれません。

ただ、横にいる妻は、心の中で「よく言うよ」と呆れてい
るでしょう。そして、いつも片付けのことで母親に怒られて
いる父親に言われても、何の説得力もありません。

- -

妻が望んで
いること

まずは自分がきちんと片付けをする習慣を身
につけて、背中で子どもに学ばせてほしい

A5判・B5判 見ているだけで楽しい本

ウサギの気持ちが100%わかる本
ウサギとの絆が深まる。対話スキンシップ＆お世話のコツ！
ウサギぞっこん倶楽部【編】
1848円

ひといちばい敏感な人のワークブック
読むだけでセルフケアカウンセリングができる、はじめての本
エレイン・N・アーロン【著】
2948円

THE PATH 一生お金に困らない最短ロードマップ
誰も気づかなかった"お金の絶対法則"がここに
ピーター・マローク【著】
レッカー・由香子【訳】
2475円

毎日パンダの1010日 シャンシャン写真集
生後半年から5歳8か月までの、ここでのシーンが、一冊に
高氏貴博【著】
3850円

あなたのクセ毛を魅力に変える方法
もう天パで悩まない！天パを活かすと人生が変わる！さぁ、あなたもクセ毛活をはじめよう！
Curugi Riji
エリコ【著】
1980円

絵と文で味わう日本人のしきたり
イラストと図解満載！シリーズ150万部突破の書籍のビジュアル版！
飯倉晴武【監修】
1980円

"自然治癒力"を最大限に引き出す 石原医学大全
"自然治癒力"を最大限に引き出す健康寿命を、元気に過ごす画期的な指南書！
石原結實
5500円

フリーランス・個人事業主の超シンプルな節税と申告、教えてもらいました！
イラストと図解満載！超シンプルな節税テクをお教えします！
中野裕哲
中山圭子【協力】
1870円

こころを支える「教え」の真髄

［新書］図説 あらすじでわかる！日蓮と法華経
なぜ法華経は『諸経の王』といわれるのか。混沌の世を生き抜く知恵！
永田美穂【監修】
1246円

［新書］図説 一度は訪れておきたい！日本の七宗と総本山・大本山
日本仏教の原点に触れる、心洗われる旅をこの一冊で！
永田美穂【監修】
1331円

［新書］図説 地図とあらすじでわかる！釈迦の生涯と日本の仏教
知るほどに深まる仏教の世界と日々の暮らし
瓜生中【監修】
1386円

［新書］図説 日本人が知っておきたい あの神様の由来と特徴がよくわかる 日本の神様の「家系図」
日本人なら知っておきたい神様・仏様たちを家系図でわかりやすく紹介する！
戸部民夫
1210円

神様・仏様まで見わたす 神様と仏様事典
神社・仏様・お寺の気になる疑問が、この一冊でスッキリ！
廣澤隆之【監修】
1100円

神道の聖地を訪ねる！日本の神々と神社
日本の神社にはどんなルーツがあるのか、日本人の魂の源流をたどる一冊
三橋健
1309円

［新書］図説 仏教の世界を歩く！日本の仏
仏様のその姿、形にはどんな意味と三利益があるのか、イラストとあらすじでよくわかる
速水侑【監修】
1309円

［新書］図説 極楽浄土の世界を歩く！親鸞の教えと生涯
親鸞がたどり着いた阿弥陀如来の救いの本質にふんだんな図版と写真で迫る！
加藤智見
1353円

四六判・B6判並製

ヒシネスの極意は世阿弥が教えてくれた 世界最高のビジネス書、600年前の日本にあった！	大江英樹	1650円
6歳から身につけたいマネー知識 子どものお金相談室 キッズ・マネー・スクール 子育て中の親御さん向けのお金の問答集！	三浦康司［著］ 草野麻里［監修］	1485円
超一流の雑学力 知性と教養がこの1冊でとことん身につく！	話題の達人倶楽部［編］	1419円
他人がうらやむような成功をしなくても幸せな「天職」を生きる 「これだ！」という自分の天職を見つけたい方へ贈る1冊	松田隆太	1760円
今日の自分を強くする言葉 ベストセラー著者・植西聰がおくる珠玉のメッセージ集！	植西聰	2200円
部屋づくりの法則 ちょっと変えれば人生が変わる！「心理学×脳科学」から見つけた驚きの部屋づくり	高原美由紀	1650円
0～7歳 モンテッソーリ教育が教えてくれた子どもの心を強くする10のタイミング 25000組の親子を変えた「こころ育てのメソッド」	丘山亜未	1595円
我慢して生きるのは、もうやめよう 心理学の第一人者が贈る"逆境に強くなる生き方"の決定版	加藤諦三	1738円
さだまさしから届いた見えない贈り物 気遣いの達人が見せた気くばりや言葉の選び方の秘密とは！	松本秀男	1650円
「センスがいい人」だけが知っていること 「服飾学」の第一人者が教える、「センスのいい着こなし」の仕組み	しぎはらひろ子	1870円
ラクにのがれる護身術 非力な人でも気弱な人でもとっさに使える自己防衛36	ヒーロー黒木	1760円
ねんねのお悩み、消えちゃう本 世の中にはびこる「ねんねのお悩みや疑問」を、○×形式で即答！	ねんねママ（和氣春花）	1496円
成功する声を手に入れる本 1日3分で変えられる！○×ですぐわかる！"声診断"×ボイトレで、仕事も人生もうまくいく！	中島由美子	1650円
偏食の教科書 子どもも親もラクになる この一冊で、子どもの「食の悩み」が消える！	山口健太［著］ 藤井葉子［監修］	1870円
「水星逆行」占い この一冊で、"運命の落とし穴"を幸運に変えるヒントとは	イヴルルド遙華	1650円
不動産買取の専門家が教える実家を1円でも高く売る裏ワザ "思い出の我が家"を次の価値に変える方法を大公開！	宮地弘行	1694円

表示は税込価格

何気なく押していないかをチェック！

妻のスイッチ【育児編】

「スイッチ」は、いたるところに潜んでいます。身に覚えがないか、胸に手を当てて考えてみましょう。

 081 自分の気分で子どもに甘かったり
厳しかったりする

 082 遊びにでかける約束を
簡単に破ったり忘れたりする

 083 躾だからと言いながら体罰をする

 084 「バカ」「出来そこない」
など言葉の暴力をふるう

 085 子どもの前で
妻にベタベタとスキンシップをする

 086 子どもの予定より自分の予定を優先する

 087 スーパーで子どもが駄々をこねると
他人のフリをする

 088 子どもの前でもお構いなしに
妻をきつく叱責する

 089 子どもから何か聞かれても
「ママに聞いてみて」だけ

 090 「男は〜」「女は〜」と
性別による偏見を植え付ける

73

3章

「察してくれるはず」の
淡い期待ですれ違う

会話のスイッチ

「ひと言」多かったり
足りなかったりに注意
～会話～

「悪気はない」ことは言い訳にはなりません。今より
もほんの少し「気持ちが伝わる言葉」「誤解されない
言葉」を使うように心がけましょう。

「わかってくれるはず」という期待が
思わぬ誤解や怒りを招く

　怒らせるつもりはこれっぽっちもなく、普通に話してい
るつもりなのに妻が急に不機嫌になった──。

　たいていの場合、その理由は「言葉の選び方や使い方が
間違っていた」ことにあります。そして、ほとんどの場合、
夫は何がいけなかったのかわかりません。

　夫婦の会話においては、お互いが相手に「言わなくても
わかってくれるはず」「そんなつもりじゃないのは察してく
れるはず」と期待してしまいがち。近い関係だからこその
期待（甘え？）ですが、そこに落とし穴があります。

　たとえ夫婦でも、言葉にしないと細かいニュアンスは伝
わりません。「もうひと言」を付け加えなかったせいで、誤

解やすれ違いを招くことも多々あります。つい出てしまう「余計なひと言」は、近い関係だからこそ腹が立ちます。

伝えるときはなるべく慎重に
聞くときはなるべく大らかに

　円滑なコミュニケーションの基本は、相手が初対面の人でも妻でも同じ。自分の言いたいことや気持ちがきちんと伝わるように、丁寧に慎重に言葉を選びましょう。「水臭い」と感じるかもしれませんが、意図を誤解されて怒りを買ったり信頼を失ったりしたら元も子もありません。

　じつは妻の側だって、けっこう雑に言葉を使っているものですが、そこでいちいち腹を立てるのも不毛な話。自分はできるだけ言葉に気を付けて、相手の言葉は全力でいいほうに解釈しながら、平和で穏やかな関係を保ちましょう。

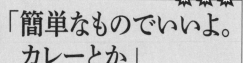

「簡単なものでいいよ。
カレーとか」

　普段から料理をしている夫は、絶対にこんな言い方はしません。しかし、料理をしていないと、うっかり恐ろしい言葉を口にして、妻を怒らせてしまいます。

　根本的な勘違いは、カレーは決して簡単に作れる料理ではないということ。そりゃ、ものすごく凝った料理に比べたら手軽ですが、何種類もの野菜を切って、炒めたり煮たりするわけで、それなりに手間も時間もかかります。

　いつも料理を妻まかせにしている夫が、いかにも「キミのことを気遣って譲歩してあげている」という顔をして、どこか得意げに「カレーとか」と口にする——。想像するだけで背筋に冷たいものが走ります。

　同じようにカレーを提案するにしても、「カレーが食べたいな」だったら、質問にちゃんと答えているわけで、妻が怒ることはないでしょう。ただし、リクエストしてもいいのは、市販のルーを使った家庭用のカレーのみ。ややこしい手順を要する本格的なスパイスカレー系は、本人の突発的なやる気を原動力にしつつ、自発的に作るものです。

妻を感動
させる行動
料理をあまりしない場合、「今日は僕が作るよ」と言って一緒に買い物に行き、妻に指南を受けながらチャレンジする。後片付けも忘れずに

芸能人の結婚のニュースを見て妻が「すぐ別れるわよ」と言ったのに対し

092 「言うと思った」

　芸能ニュースへのコメントにせよ、愚痴へのリアクションにせよ、誰しも「言いがちなセリフ」があります。芸能人の結婚に対して、妻は何度もこう言っていました。

　こっちは軽く冷やかすつもりでも、妻は「お前の考えることなんてすべてお見通しだ」と言われている気がしてけっこう不快です。不用意に口にしないようにしましょう。

- -

夫株を上げるひと言　「フフフ、キミのそのコメントを聞くと、なんだか安心するな」

宅配便を受け取った妻が「あなたのよ」と渡してくれた

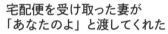「ありがとう」と
お礼を言わない

　「口に出さなくてもわかってくれてるから大丈夫」と言いたいかもしれません。ただ、毎回必ずではなくても、時々は言葉に出してお礼を言うようにしましょう。

　「言わなくても伝わっているはずの感謝の気持ち」は、妻の中で「お礼を言ってもらえなかった」という実績が積み重なると、だんだん目減りしていきます。

- -

夫株を上げるひと言　「ありがとう」だけでなく、必要に応じて「助かったよ」といった念押しの言葉を加える

094

話をさえぎり
「うろ覚えね」と指摘する

　曖昧な記憶や、ぼんやり覚えていることを指す言葉は、「うろ覚え」です。空洞を表す「うろ（洞、空、虚）」が語源になっているとか。豆知識はさておき、妻が話の流れの中で「うる覚えなんだけど」と言いました。まさに「うろ覚え」だったのでしょう。

　正しい言葉を知っていると、反射的に「それを言うなら『うろ覚え』だね」と言い間違いを指摘したくなります。ちなみに「言い間違い」は「言い間違え」ということもありますが、どちらも誤りではないとか。

　正解を即座に教えてあげることが、常に正解とは限りません。「指摘してくれてありがとう」と思われることはまずないどころか、確実に相手をイラっとさせます。

　この場面においては、スムーズに気持ちよく会話を続けることが最優先事項。言い間違いの指摘には、それを妨げるほどの必要性はありません。「正しさ」に振り回されて優先順位を見誤ると、相手を不快にさせて、結果的に自分もつらい思いをすることになります。

- -

夫株を
上げる
ひと言

しばらくしてから、ソフトな口調で「そういえばさっき、『うる覚え』って言ってたけど、本当は『うろ覚え』らしいよ」と伝える

結婚式で「ご祝儀は〇万円でいいよね」
と妻に聞かれた

095

「いいんじゃない」

親戚の結婚式にせよ同僚の結婚式にせよ、妻は少し不安を覚えて、確認のために聞いてきています。ちゃんと考えて「その金額が妥当である」と判断した上でこう言ったとしても、妻は適当に流されたとしか感じないでしょう。

「夫に相談しても無駄」「夫は頼りにならない」という印象は、こういうことの積み重ねでできていきます。

 妻が望んでいること

「5万は出しすぎだし、2万だと少ないし……」などと検討した上で、妻の提案に賛成する

スポーツ中継を見ながら
妻に詳しい情報を教える

096

「知らないと思うけど」

妻が「この選手、上手ね」と言ったときに、どんなにすごい経歴と実績の持ち主であるかを伝えようとして、この言葉を言ってから話し始めました。

間違いなく知らないとしても、わざわざこう前置きする必要はありません。妻は「バカにされた」という不愉快さが先に立って、こっちの話を聞く気をなくすでしょう。

 妻が喜ぶリアクション

「この競技に詳しくないのに、見ててそれがわかるなんてすごいね」とホメる

来週の旅行の予定を話していたら
妻が悪天候を心配した

097

「そういうところが
お義母さんそっくりだね」

　来週の週末は、家族で温泉旅行に行く予定です。どこに寄るかという話をしていたら、妻が「雨降らないよね」とポツリ。今の時点で、来週の週末の天気なんてわかりません。予報は出ていても、アテにはなりません。

　妻は日頃から、心配しても仕方ないことを心配する癖があります。そして、妻の母親もふた言目には「もし～だったらどうすればいいかしら」と、わざわざ望ましくない状況を予想して、心配する癖があります。

　自分としては、事実を指摘するつもりで「お義母さんそっくりだね」と言いました。決して非難するつもりではなかったとしても、言われた妻は「自分と母親の人格を否定した」と受け止める可能性があります。

　実際、内心はちょっとウンザリしているので、妻が非難だと感じるのも無理はありません。妻に「それ、心配してどうするの?」と尋ねるだけでも不穏な空気になりそうですが、義母（妻にとっては母親）を引き合いに出しているところが、危険性を一気に高めています。

**夫株を
上げる
ひと言**
　「その時はその時で、また考えよう。天気が悪いなりの楽しみ方もあるよ」と妻の心配を鷹揚に受け止めることで、頼もしさを感じさせる

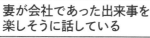

妻が会社であった出来事を
楽しそうに話している

098 相づちは打っているが
聞いていない

「ふんふん」「へー、なるほど」「そうなんだ」と相づちを
打ってはいても、じつは話を聞いていない状況は、しばし
ばあります。テレビを見たりスマホをいじったりしながら
聞かれても、妻は嬉しくありません。

こういうことが続くと、ふと気が付いたら夫婦の会話が
なくなっていた、という悲劇を招いてしまいます。

- -

妻が望んで
いること

いちいち正面に向き合う必要はないにせよ、た
まに目を見ることを心がけながら話を聞く

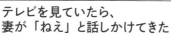

テレビを見ていたら、
妻が「ねえ」と話しかけてきた

099 「今いいところだから、
待って」

テレビを見ていて「続きが気になるから、このまま見続け
ていたい」と思うことは、たしかにあります。しかし、こう
言って妻の話をさえぎるのはタブー。

まずはテレビに視線を向けたまま、「なに？」と聞き返し
ます。妻が「あとでいい」と言ってくれたら御の字。そのま
ま話を続けるようなら、テレビは諦めましょう。

- -

夫株を
上げる
ひと言

妻が深刻な顔をしていたら「ごめん、テレビを
見てる場合じゃないね」と即スイッチを切る

100 「ねえ、ご飯まだ?」

　最近は、夫婦でそろって自宅でテレワークという状況も、決して珍しくはありません。ただ、それぞれ気持ちは「仕事モード」なのに、場所は自宅ということで、いろんな衝突が起きてしまいます。

　食事はいつも妻が作っていて、そろそろ夕食の時間になってきたので、夫としては何気なくこう尋ねました。しかし、いい調子で仕事に没頭している、あるいは急ぎの作業に追われている妻としては、そのノンキな言葉を聞いて心穏やかにはいられないでしょう。

　口には出さないとしても「食べたきゃ自分で作れ!」と言いたい心境なのは確実。はっきり言われても仕方ありません。妻が並外れた人格者で、怒りをグッと抑えて、「ごめんなさい。すぐ用意するね」と言ってくれたら、手を合わせて拝んでもいいぐらいです。

　そんなありがたさに気付かないまま、不満げに「お腹すいちゃったよ」なんて重ねてしまったら最悪。間違いなく、夫婦のあいだに深い亀裂が入ってしまいます。

- -

夫株を
上げる
ひと言
「何か買ってこようか。駅前にできたビストロのテイクアウト、一度食べてみたかったんだ」などと妻に負担をかけない方法を提案する

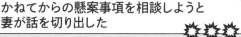

かねてからの懸案事項を相談しようと
妻が話を切り出した

101 「えー、またその話?」

前にも何度か出た話で、しかも自分としてはあまり話したくないことだったとしても、まだ結論が出ていないなら、「またその話」をするのは仕方ありません。

早く結論を出したいと思っている妻に対して、露骨に逃げ回るような姿勢を見せるのは、夫としてあまりにも無責任。妻を確実に幻滅させてしまうでしょう。

- -

 夫株を上げるひと言
「あっ、ごめんごめん。俺のほうから切り出さないといけなかったね。相談しようか」

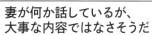妻が何か話しているが、
大事な内容ではなさそうだ

102 「それよりさ」と話をさえぎる

そりゃ、日常会話のほとんどは、とくに大事な内容ではありません。だからといって一方的に話をさえぎるのは、相手に失礼です。自分だって、されたくないはず。

話している妻としては、少なくとも「夫婦で会話をする」という大事な目的があります。この仕打ちをされたら、妻は自分が拒絶されたように感じるでしょう。

- -

 妻が望んでいること
適度に相づちを打ちながら話を聞く。ひとしきり聞いたら、こっちも何か話題を提供する

実は妻がやめてほしいと思っている

【ホメ言葉のスイッチ】

「ホメられて文句はないはず」と思ったら大間違い。妻を喜ばせるつもりが、裏目に出る場面も少なくありません。

103 「○歳のわりにはイケてるよね」

まったくホメたことにならず、むしろ「制限を外した基準ではダメ」と言っているに等しい暴言です。

- -

104 「～ちゃんママより、ママのほうがずっときれいだよ」

ほかの人を落としてホメるのはタブー。妻としては素直に喜べないし、言う側の無神経さが際立ちます。

- -

105 「さすがだね、参考になったよ」

妻を「格下」だと見ていないと、こうは言えません。妻も、その上から目線を十分に感じるでしょう。

- -

106 「やればできるじゃない」

冗談っぽく言うならさておき、これがホメ言葉だと思っているとしたら、あまりにも妻を見下しています。

- -

107 「いい意味で、図太いよね」

「いい意味で」をつければ、何を言っても OK ではありません。たいてい「悪い意味」が込められています。

108 「案外、ちゃんと考えてるんだね」

　　感心して言っているとしても、頭の「案外」は余計。これまでは妻を侮っていたという意味になります。

- -

109 「いつも悩みがなさそうでいいね」

　　「キミの明るさにはいつも救われるよ」だったらホメたことになりますが、これは極めて失礼です。

- -

110 「似たり寄ったりだけど、両方ともよく似合うよ」

　　服を買いに行った場面で。プラスの意味では、「甲乙つけがたいけど」「迷うところだけど」が適切です。

- -

111 「痩せても枯れても、元ミス○○だね」

　　過去の栄光を持ち上げたいのはいいとして、こう言ったら、今は落ちぶれたという意味になります。

- -

112 「この料理、悪くないね」

　　「悪くない」は、かろうじて及第点という意味に聞こえます。こう言われても、妻は嬉しくありません。

「なんだっていいよ」

　誕生日や父の日や母の日の贈り物、あるいは古希や喜寿
などのお祝い……。せっかく贈るなら喜んでもらえる品物
をと思って、妻が相談してくれました。

　息子の立場としては、自分の親に何を贈るかを考えるの
がテレ臭かったり、口出しするのは図々しいかなと腰が引
けたりという事情も、よくわかります。単に考えるのが面
倒くさいという場合もあるでしょう。

　いずれにせよ、相談を持ちかけられてこう答えるのは、い
ささか不用意です。妻としては「誰の親の話をしてると思
ってるんだ！　せっかく気を遣ってあげたのに」と感じる
に違いありません。面倒なことは妻に押しつければいいと
いう"本音"も露呈してしまいます。

　実際、何を贈っても喜んではくれるでしょう。そういう意
味では、「なんだっていい」は間違いではありません。しか
し、無限にある選択肢からひとつ選ぶ役割を押しつけられ
たら、妻は途方に暮れてしまいます。「なんで私だけが」と
夫を恨む気持ちも湧いてくるかもしれません。

- -

妻が望んで
いること

「そうだなあ」と一緒に悩んで、父親の好物や
母親の趣味など、贈り物選びの参考になる情報
を提供する。決定権は妻にゆだねよう

「この歌手、誰と結婚したんだっけ?」
と妻に聞かれた

114

「え、知らないの?」

　超大物同士のカップルで、結婚したときはけっこう話題になりました。ただ、知らない人がいてもおかしくないし、知らなくても恥ずかしいわけではありません。

　知らなかった妻にこう言ったら、そんなつもりはなくても妻はバカにされたと感じるでしょう。もし実際にバカにする気持ちがあるとしたら、ちょっと情けない話です。

- -

妻が喜ぶ
リアクション
本当は確信を持っていても、「○○だったんじゃないかな」と少し自信なさげに教える

スーパーで「福神漬け、どっちにする?」
と妻に聞かれた

115

「こっちに決まってるじゃん」

　スーパーでの品物選びにせよ旅行の行き先を決めるにせよ、どっちを選びたいかを聞かれることはよくあります。自分の中では確固たる理由があるとしても、いきなり断言するのはタブー。かなり偉そうな響きになります。

　こういう言い方は、無意識のうちにやってしまいがち。胸に手を当てて己を振り返ってみましょう。

- -

妻が喜ぶ
リアクション
「こういう理由でこっちがいいと思う」と意見を述べたあと、妻に「キミは?」と尋ねる

116

「女の人ってすぐ 感情的になるよね」

　話を聞いて「そんなことでキレなくていいのに」と思っ
たとしても、その後輩がとんでもなくて「それはキレても
仕方ない」と思ったとしても、そこは関係ありません。

　後者だと感じているのに、なぜかこのセリフを言ってし
まう困った夫はいます。無意識にでしょうが、どうにかし
て女性をバカにしたいのかもしれません。

　「単に一般的な傾向を言っただけ。そもそも妻のことを言っ
たわけじゃないし」と思っているとしたら、それはいさ
さか自分に都合がいい解釈。

　妻は先輩をバカにされたと感じるし、自分も含めて「す
ぐ感情的になるという欠点を持ち合わせているグループの
一員」と決めつけられた気になります。さらに「この人は
女性を一段下に見ている」と確信するに違いありません。

　何の気なしにこの手のセリフを口にしてしまっている人
は、そのタチの悪さと危険性を自覚しましょう。二度と言
わないようにしないと、遠からず妻に見限られます。もし
かしたら、すでに見限られているかもしれません。

- -

**夫株を
上げる
ひと言**　「俺、思ったんだよね。前に『女の人って〜だ
よね』って言ったことがあるでしょ。あれはよ
くなかったなって」と、反省を言葉で伝える

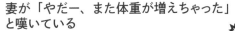

117

「少しは運動したほうが
いいよ」

妻が「やだー、また体重が増えちゃった」
と嘆いている

親切心からかもしれませんが、完全に大きなお世話です。妻もそのぐらいわかっているので、アドバイスとしてもまったく意味がありません。「食べすぎじゃないの」「年齢的に仕方ないよ」も口にするのはタブー。

かといって、「きっと体重計が壊れてるんだよ」と外国映画っぽくフォローするのは、さすがに無理があります。

妻が望んで
いること

深く掘り下げずに、「そうなんだ。ぜんぜんわかんないけどね」ぐらいで軽く流してほしい

118

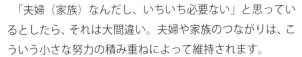

「おはよう」「おやすみ」
を言わない

朝起きて顔を合わせたときや
夜寝ようとするときに

「夫婦（家族）なんだし、いちいち必要ない」と思っているとしたら、それは大間違い。夫婦や家族のつながりは、こういう小さな努力の積み重ねによって維持されます。

黙って食卓に座ったら、妻は「今日は機嫌が悪いのかな、そうでもないかな……」と心配しなければなりません。そういう負担を押しつけるのは、図々しい了見です。

妻が望んで
いること

毎日同じように挨拶する。その日の気分で声の調子を変えると、妻に無用な心配をかける

ママ友に対するモヤモヤした気持ちを
妻が話しているときに

119 「要は、
こういうことだよね」

　愚痴めいた話の場合もあれば、悪口の場合もあるでしょう。子どものことで相談されるシチュエーションもあるでしょう。そういうときに、やりがちだけどやってはいけないのは「妻の話を要約する」こと。

　妻に限りませんが、相手の話したいことがまとまっていなくて、聞きながらもどかしさを感じることは、しばしばあります。だとしても「要は」「結局は」といった言葉で話を要約されたら、相手は面白くありません。

　つい要約してしまう側は、相手が言いたいことをきちんと把握して、適切な反応なりアドバイスなりをしたいからという大義名分があります。しかし、そもそも相手は話したいだけで、きちんと把握してほしいとも、ましてアドバイスが欲しいなんて思っていません。

　さらに、「要は」とか「結局は」で話をまとめたがる人ほど、セルフイメージとは裏腹に、的確に話をまとめる力を持ち合わせていない傾向があります。何重もの意味で、こうした要約用語は口にしないように気を付けましょう。

- -

妻が望んで
いること

話にうなずきながら、「たいへんだね」「災難だったね」と妻を労わる。たまに質問して、興味深く聞いている姿勢を見せることも大切

美容院に行ってきた妻に
「似合ってる?」と聞かれて

120

「うん、
似合ってるんじゃない」

「『似合ってる』と言ってるのにダメなの!?」と思うかもしれません。しかし、適当に話を合わせている気配は、すぐ察知されます。まして、スマホを見ながら答えるのは論外。

大切なのは「キミ（妻）に関心を持っている」と態度で表すこと。妻を3秒以上見つめてから、納得した口調で「うん、いいんじゃない」と告げましょう。

- -

妻が喜ぶ
リアクション

「うん、うん、うん」と「うん」を徐々に強めつつ繰り返す

妻が職場の人間関係の愚痴を
こぼしているときに

121

「ウチの会社でもさあ」
と愚痴る

自分も愚痴をこぼすことで、「キミだけじゃないよ」と妻を励ましているつもりかもしれません。しかし妻は、愚痴をさえぎられたばかりか、逆に夫の愚痴を聞かされる羽目になって、かなり深くゲンナリするでしょう。

愚痴はひとまず黙って聞くのが、妻に対するやさしさであり安全な対応です。意見やアドバイスも必要ありません。

- -

夫株を
上げる
ひと言

「聞くぐらいしかできないけど、いつでも言ってね」

「あいつのところは
いいよな」

その友人が妻の両親と同居する家を建てて両親から多額の援助を受けたとか、本人の両親と同居することを妻がすんなり承諾してくれたとか、そんな話の流れの中で「いいよな」と言ってしまいました。

こっちとしては、本気で羨ましいわけではありません。祝福のニュアンスを込めた軽口です。しかし、言われた妻は「お前（お前の親）にはできないだろうけど」と非難されたように受け取るでしょう。

この言葉は、友人の家を訪ねたら手の込んだ料理でもてなされたとか、部屋がきれいに片付いていたとか、いろんな場面で言ってしまいがち。奥さんがおしゃれだのきれいだのと言ってしまうこともありそうです。

「べつに妻を責めたつもりはない」「ホメているだけだ」なんて言い訳しても、妻の心の中に出現した「至らない妻で悪かったわね！」というドス黒い怒りは消滅しません。「じゃあ、あの家の奥さんと結婚すればよかったじゃない」と冷たく言われても仕方がない暴言です。

- -

妻を感動
させる行動

よその妻をホメたあとは、たとえ取ってつけた感じになっても「もちろん、ウチの妻は誰にも負けないけどね」と言っておく

テレビを見ながらちょっとしたことで意見が分かれた

123

「都会育ちの人には わからないと思うけど」

　都会で育った妻と地方で育った夫とでは、感覚や常識が違う部分もきっとあるでしょう。それはどちらが正解という話ではありません。さまざまな「違い」を楽しむのが、夫婦生活の醍醐味という一面もあります。

　芸能人が地方を訪れたという番組で、地元の人の反応に対して、妻が「えー、どうしてそうなるの？」と疑問を示しました。夫としては違和感は覚えず、妻がなぜ疑問を抱いているのかも、今ひとつピンと来ません。

　理由を探したい気持ちはわかりますが、こう言ってしまうのは乱暴です。妻としては、突き放されたような切り捨てられたような気持ちになるでしょう。しかも、都会へのコンプレックスもにじみ出てしまいます。

　逆に、都会で育った夫が地方で育った妻に対して、「地方の感覚は都会では通用しない」といったメッセージを言葉の端々ににじませるパターンも。意見を丁寧にすり合わせるのではなく、安易に出身地などのせいにして片付けていると、やがて夫婦の会話がなくなっていくでしょう。

妻が望んでいること

出身地に限らず各家庭の教育方針など違いはあるもの。スキあらばマウントを取ろうとせずに、相手を尊重する気持ちを持ってほしい

3章／会話のスイッチ　　95

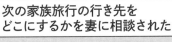

次の家族旅行の行き先を
どこにするかを妻に相談された

「どこでもいいよ」

　自分としては「家族一緒ならどこに行っても楽しいから、行き先にはこだわらないよ」という意味を込めたつもりでした。しかし、そういうことはまったく伝わりません。

　相談してきた妻としては、話し合いを拒否されたと受け止めて、「じつは旅行に行きたくないのかも」とすら思ってしまうかも。不用意なリアクションは慎みましょう。

- -

妻が望んでいること　まずは「どこに行きたい？」と妻に尋ねて、その上で自分の希望を述べつつ話し合う

妻に話しかけられて、
いちおう受け答えはしているものの

スマホから目を離さない

　夫だけでなく妻の側も、やってしまっている人は多いでしょう。自分たちもしていたら、子どもに「スマホばっかり見てちゃダメ」なんて注意する資格はありません。

　もちろん「妻だってやってるんだから、自分もやっていいだろ」と思うのは大間違い。常にお互いがスマホを見ながら会話しているのは、けっこう寒々しい光景です。

- -

妻が望んでいること　時々顔を上げて、妻の目を見ながら会話する。できればスマホをテーブルに置く

何気なく押していないかをチェック！

妻のスイッチ【会話編】

「スイッチ」は、いたるところに潜んでいます。身に覚えがないか、胸に手を当てて考えてみましょう。

 126 妻が心配して「大丈夫?」
と尋ねても「うるさい」と返す

 127 真面目な話をしているのに
オヤジギャグを混ぜてくる

 128 人間関係の悩みを話すと
「どっちもどっち」で片付ける

 129 何かお願いごとをされて
「めんどうだな」とつぶやく

 130 耳の痛いことを言われ、
「聞きたくない」と拒否する

 131 将来の夢を語ると
「そんなの無理」と即座に否定する

 132 現実離れした夢ばかり語って
疑問を呈されるとキレる

 133 「女は気楽でいいよね」と
差別的な発言を平気でする

 134 「猫好きなヤツってさ」と
根拠のない決めつけが好き

 135 皮肉な見方をするのが
「頭がいい行為」だと思っている

4章

"自分に甘く、相手に厳しく"
の攻防戦

食卓&お金&お買い物
のスイッチ

何を重視するかの違いが摩擦を生む

気を抜くと「欲望」に振り回されることも
～食卓＆お金＆お買い物～

食事には食欲、お金には金銭欲、買い物には物欲や自己顕示欲などが深く関係します。妻と自分、それぞれの「欲望」を上手にすり合わせましょう。

食事や買い物の場面では
自分に甘く相手に厳しくなりがち

　たとえば鶏肉ひとつ買うにしても、少し高くても美味しそうなブランド鶏を選ぶか、安さと量を重視で選ぶかなど、人によって優先順位が違います。

　そして、食事や買い物をしているときは、自分の「欲望」がうっかり漏れてしまいがち。相手にとって不快な感想を口にしたり、無駄遣いを正当化したり……。自分の買い物には甘いのに、相手の買い物に対しては「もったいない」という気持ちが強く湧いてくる傾向もあります。

　自分の「欲望」を前面に押し出してしまうと、ロクなことにはなりません。そんなときには感謝の気持ちも忘れがち。妻には妻の「欲望」があり、自分とは違う優先順位があり

100

ます。すれ違いから生まれる摩擦や衝突は、大きな怒りや根深い不信感につながってしまいかねません。

人生における大切な楽しみを
力を合わせて大きく育てていこう

　食卓や買い物、お金がらみの話題のときは、いっそうの慎重さが必要です。とくに「自分の身勝手な『欲望』に振り回されていないか」「妻の都合や望みを頭ごなしに否定していないか」という点を念入りにチェックしましょう。

　夫婦や家族で食卓を囲んだり買い物をしたりするのは、本来は楽しいひとときのはず。お金も上手に付き合えば、人生を楽しく盛り上げてくれます。お互いの価値観をすり合わせて、ちょうどいい着地点を見つけましょう。その向こうには、幸せな日々が待っています。

帰宅したら妻が夕食のおかずに
揚げ物を作っていた

136

「昼も揚げ物
だったんだよなー」

　そうだとしても、妻にしてみれば知ったこっちゃありません。自分に非がないことで文句を言われるのは、誰しも不愉快です。つい本音が漏れただけかもしれませんが、手間ひまかけて作ってくれている妻に対して、あまりにも不用意な発言だと言えるでしょう。

　まさかとは思いますが、このセリフを口にすることで、妻が「そうだったのね。ごめんなさい」と謝ってくれることを期待しているとしたら、それは図々しすぎます。ただ、心のどこかにそんな気持ちがあるから、漏れてしまうのかもしれません。

　夫婦生活では「言わなくてもいいこと」を口にして、大ゲンカに発展するケースが多々あります。とくに夫の側は、妻に対して「このぐらいは許してくれるだろう」と期待してしまいがち。大半の場合、それは勘違いです。

　仮に黙ってスルーされたとしても、それは許してくれたからではなく、怒るのが面倒くさいから。こちらに何も期待されていないわけで、むしろ深刻な状況と言えます。

妻が望んで
いること

昼食のことは何も言わず、目の前の揚げ物を嬉しそうに食べる。「揚げ物、食べたかったんだよ」ぐらいのことを言ってもバチは当たらない

「ご飯、できたわよ」と
呼ばれて食卓についた途端に

137 「今日はこれだけ?」

　非難するつもりは毛頭なく、食卓を見て反射的に口にしただけかもしれません。しかし、用意した妻としては、自分が責められたと感じてしまうでしょう。

　こう言われたら、妻はさぞ腹が立つはず。「じゃあ食べなくていい!」とキレられるだけならまだマシです。二度と食事を作ってもらえなくなる可能性もなくはありません。

- -

 品数が少なくてもそのことには触れず、「これ、おいしいね」と喜んで食べる

料理上手の妻がカレーライスや
野菜炒めを作ってくれた

138 口をつける前にソースをかける

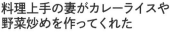

　もちろん、悪気はありません。カレーライスにせよ野菜炒めにせよ、子どもの頃からの習慣で「食卓でソースをかけて完成」と認識しているケースはよくあります。

　しかし、そんな習慣とは無縁に育った側にとって、自分が作った料理に対して、口をつける前にソースなどで味を変えられるのは、侮辱以外の何ものでもありません。

- -

 ひと口食べてからでも、ソースで味変したりせずに、そのままおいしくいただこう

妻が休日に作ってくれた
手の込んだパスタを食べながら

139

「この前行ったイタリアンの
お店はおいしかったよね」

パスタからの連想で、妻と一緒に行ったイタリアンレストランの楽しい思い出が浮かんでくるのは、まあありそうな話です。妻が作ったパスタがおいしかったからこそ、出た言葉かもしれません。

しかし、この状況でこのセリフを口にするのは無謀すぎます。自分はそんなつもりはぜんぜんなくても、妻は言葉の背後に「このパスタはイマイチだけど」という意味を受け取ってしまう可能性が大。

今すべきなのは、目の前のパスタに集中し、ホメるべき部分はきちんとホメて、おいしそうに平らげることです。食べ終わったあとに、「やっぱりイタリアンはおいしいよね。そうだ、また前に行ったあの店に行こうか」という提案をする分には、さほど危険性はありません。

お店でおいしい料理を食べているときも、同じジャンルのほかのお店について「あの店の〇〇は最高だった」などとホメるのは、いささか無神経。かといって、ほかのお店をけなすのも、それはそれでイヤな感じです。

- -

妻が喜ぶ
リアクション

「ずいぶん腕を上げたね。今度コツを教えてよ。俺も作ってみたいから」と尋ねる。近いうちに本当に作れば、なおよし

帰りが遅くなって
夕食がすっかり冷めてしまった

140

「やっぱ冷めると
イマイチだな」

料理が冷めたのは自分の帰りが遅くなったからなのは、重々承知の上です。「おいしく食べられなくて申し訳ない」という気持ちも込めて、こう言うこともあるでしょう。

しかし妻のほうは、文句を言われているように受け止めるかも。真意がどうあれ、作ってもらった料理に対してマイナスのコメントをするのは、非常に危険です。

- -

夫株を
上げる
ひと言

「せっかくの料理をおいしく食べられなくてごめんね」と口に出して言う

妻に「このカレイの煮つけ、どう?」
と尋ねられた

141

野球中継を見ながら
「おいしいよ」と返す

野球中継に限らず、どんな番組でも新聞でも同じことです。妻が「どう?」と聞いてくるのは、上手に作れた自信があるから。まったく気持ちを込めずに「おいしいよ」と返したら、確実に怒りのスイッチを押してしまいます。

まずはテレビや新聞から目を離して、妻の渾身のひと皿と向かい合い、あらためて満足そうに味わいましょう。

- -

妻が望んで
いること

「おいしいね! どうやって作ったの?」と、賞賛の言葉を念入りに浴びせかける

揚げ物を食べようとしたら
ソースが切れていた

「このあいだ、ソースもう ないよって言わなかったっけ」

夫としては、単に「このあいだそういう話題が出た」と振り返っているだけのつもりでも、妻は「なぜ買っておかないんだ」と糾弾されているようにしか聞こえません。

しかも、せっかくの揚げ物をソースなしで食べる事態に直面しているわけで、残念な気持ちを隠し切れず、つい責める口調になりそうです。

料理関係の家事はおもに妻の役割だとしても、自分だってソースがないことには気付いていたわけなので、妻だけを責めるのは筋違い。自分が買ってくればいいだけです。

もし最初から責めるつもりでこう言ったとしたら、妻は怒りを激しく爆発させるでしょう。普段は妻が買うことが多いとしたら、後ろめたさをかき消す必要があるので、爆発の勢いはなおさら激しくなりそうです。

ここは残念な気持ちを押し殺して、「あっ、そうだソースなかったんだよね。ま、いっか」と平静を装いましょう。さらに「このあいだ話してたのに、買っておかなくてごめんね」と謝れば、平和に揚げ物を味わうことができます。

夫株を
上げる
ひと言

「コンビニで買ってくるよ」と立ち上がる手も。ただし、上のような言葉なしで買いに出たら、妻は責められていると感じるため注意が必要

食事をしながら妻がママ友の悪口を延々と言っている

143 「疲れてるのに、そんな話聞きたくないよ」

　もちろん、愚痴や悪口なんて聞きたくありません。まして疲れて帰ってきて、さあくつろいで夕食を食べるかと思っていたところに、こっちはよく知らない人の悪口をまくしたてられるのはけっこう苦痛です。

　しかし、それはあくまで自分の事情。いっぽう妻は、そのママ友にイライラさせられることがあって、怒りやうっぷんをぶちまけたいという事情がありました。帰ってきた夫に、延々と悪口を話してしまうのも無理はありません。

　円満な夫婦関係を維持する上で欠かせないのは、お互いの譲り合いと相手に対する奉仕の精神です。「妻は今、つらい状態なんだ。少しでも楽になってもらおう」と思えば、のんびり食事をしたいという自分の望みは脇にどけて、吐き出す悪口を受け止めることができるでしょう。

　ただ、たまにはいいとしても、同じことが毎日続くとしたら、それはどうにかしたいところ。本人だってつらいはずです。きちんと話し合って、どうすればつらさが軽減できるか、具体的に打てる手を探りましょう。

- -

妻が望んでいること

「ふんふん、それはひどいね」とうなずきつつ妻の気が済むまで聞くこと。「こうしたらどう？」といったアドバイスは、まったく必要ない

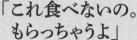

食事も終盤だが
妻のお皿にシューマイが残っている

144 「これ食べないの。もらっちゃうよ」

おいしいシューマイだっただけに、妻のお皿を見て「残したらもったいない」「もう1個食べたい」という思いが渦巻いて、つい箸を伸ばしてしまいました。

しかし、一時の欲望に負けると、大きなしっぺ返しをくらいます。たぶん「好きなものは最後まで残しておく派」である妻は、横取りされた恨みを一生忘れないでしょう。

- -

夫株を上げるひと言	「最後にじっくり味わおうとしてるんだね。シューマイもきっと喜ぶよ」

のんびり飲みながら食べていたら
妻が食器を片付け始めた

145 「おいおい、まだ食べてるのに」

お酒を飲みながら食べていると、食卓にひとり取り残されがち。妻がしびれを切らして、食器を片付け始めることもあるでしょう。そこでの「まだ食べてるのに」は、妻の迷惑をかえりみない身勝手なセリフです。

せめて「なかなか食べ終わらなくてごめん。自分で流しに運ぶよ」と言って、しばしの猶予をもらいましょう。

- -

妻を感動させる行動	食器を流しに運ぶだけでは不十分。「洗い物もやっておくよ」と言って実践したら完璧

母親の得意料理でもある煮豆を
妻が作ってくれた

146

「おふくろのは、もう
ちょっと味が濃いかな」

　たとえ「お義母さんに教わって作ってみたんだけど、ど
うかな？」と尋ねられたとしても、ひと言目にこう答える
のは、あまりにもウカツです。

　まずは「おいしい！」「うまく煮えてるね」などと、感激
と称賛の言葉を捧げましょう。妻から「ちょっと味が薄か
ったかも」といった"反省の弁"が出てきたとしても、油断
は禁物。「そうだね。もうちょっと濃い味でもよかったかも
ね」などと、客観的な論評をする必要はありません。

　母親の得意料理である煮豆に挑戦してくれた妻の気持ち
は、拝みたいぐらい尊すぎます。母親と仲良くしたいと思
ってくれているのも、ありがたい限り。せいいっぱい応え
るのが夫としての義務であり、人としての礼儀です。

　そう考えたら、「たしかに実家よりは味が薄めだけど、俺
はこっちのほうが好きかな」ぐらいのことは言えるはず。も
っと濃いめの味付けがいいと思ったとしても、本当にそれ
を主張する必要があるかどうか、夫婦関係に及ぼす影響を
総合的に考えた上で冷静に判断しましょう。

- -

妻を感動
させる行動
　実家に帰ったときには、妻が母親の指導のお
かげで煮豆を無事に完成させたことを報告し、
「またいろいろ教えてあげてよ」と頼む

冷凍庫がパンパンでしかも
似たものがまだあるのに

147

思い付きでアイスや
冷凍食品を買ってくる

結婚生活においては、「よかれと思って」の行動が裏目に出る場面が少なくありません。

立ち寄ったスーパーで、アイスや冷凍食品が特売になっていました。「買っていけば妻が感激するに違いない」「夫としての株が上がるはず」――。そんなバラ色の未来を想像しながら、「どうせならまとめて買っておくか」とたくさん買い込んで意気揚々と帰路に。

しかし、家に帰って妻に買った品々を見せた途端、それまでの甘い想像は見事に打ち砕かれます。「冷凍庫がいっぱいなのに、こんなに買ってきてどうするの!」「冷凍うどん、まだたくさんあるのに!」と激しく非難されました。

カチンと来て「せっかく買ってきたのに!」と不機嫌になったら、事態はさらに泥沼化します。「よかれと思って」の行動でしたが、妻の非難はもっとも。悪かったのは、冷凍庫の状況を把握せずに買い物をしてきた自分の側です。まずは素直に「ごめん」と謝ったあとで、冷凍庫にスペースを作るために何を先に使うかを夫婦で話し合いましょう。

- -

妻が望んでいること

買う前に「○○が安くなってるけど、買っておこうか?」と連絡を入れる。日頃から冷蔵庫の状況を把握しておくことも大切

家電量販店に調理家電を
買いに行った場面で

148 店員さんに商品の
ウンチクを語る

家電に詳しい（つもり）の夫は、店員さん相手に「このメーカーの特徴は……」などと聞きかじったウンチクを披露してしまいがち。商品選びとまったく関係ないのに。

横にいる妻は、間違いなく居たたまれない気持ちになっています。「プロ相手に対等に話せるなんてステキ」と感心することは、絶対にありません。

妻が望んで
いること

とにかく、お得に買い物をすること。値引き交渉の材料になるなら大目に見てもらえるかも

妻に相談なしで大きな買い物をして
激しくとがめられた

149 「俺が稼いだ金を
どう使おうが自由だろ」

追い詰められて、とっさに出た言い訳かもしれません。しかし、妻の怒りの炎に油を注ぐ結果になるのは火を見るより明らか。自分ひとりの力で稼いだわけではないし、どう使おうが自由と思うのは大きな心得違いです。

とっさに出た言葉だからこそ本音が漏れているという一面もあり、そこも妻を激しく幻滅させるでしょう。

妻が望んで
いること

怒る妻を前に必要なのは、「ごめん」という謝罪の言葉と、深く反省している様子を見せること

妻が「今日、この服買ったの。どう?」
と見せてくれた

150 「似たような服、
持ってなかったっけ?」

妻が買ってくる服の80%以上は「前に着ていたのと似たような服」です。ま、そこは夫の側も似たようなものなので、相手のことは言えませんけど。

妻としては自分の好みの範囲の中から、その服に「前に着ていた服とは明確に違うデザインや機能や用途」があると思ったから、購入を決断したわけです。そうじゃないとしても、そういう服が好きなわけなので、似たような服をまた買ってはいけない理由はありません。

新しい服を見せられて「どう?」と聞かれた場合、許される反応は「似合うよ」や「いいデザインだね」といった称賛の言葉だけです。「前にも似たような〜」といった反応は、他意も悪気もない質問だったとしても、せっかく選んだ服を否定しているように聞こえるでしょう。

ほかにも本に興味がない人が本を好きな人に「その作者の小説、前も読んでなかったっけ?」と言うのも同様。この手の反応が重なると、やがて「この人にはもう何も話すまい」「夫に期待するのはやめよう」と思われてしまいます。

夫株を上げるひと言　「いい色だね」「オシャレなデザインだね」などと全体をホメたあとで、「このボタン、いいね」など細部をホメる

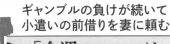

ギャンブルの負けが続いて
小遣いの前借りを妻に頼む

151 「今週のレースは
絶対に取れるから」

　自分としては「妻に前借りを OK してもらえる説得力十分なセリフ」と思っているかもしれません。しかし、そう思っていることも含めて、妻は激しく絶望するでしょう。

　ギャンブルに熱を上げると、人間は当たり前の感覚や判断力を失ってしまいます。こんなセリフを平然と言えるとしたら、即座に縁を切られても文句は言えません。

- -

妻が望んで
いること

足を洗うのは難しくても、決めた金額の範囲内で楽しみ、たまに勝ったら妻に贈りものをする

「たまには贅沢もいいよね」
と自分に言い訳しながら

152 お高めのステーキ肉を
買ってくる

　自分としては「外で食事するよりは安上がりだから」という理屈かもしれません。しかし、いきなり高い食材を買って帰ると、妻としては「こっちは 10 円でも安い卵を探してるのに！」と反発を覚えてしまうでしょう。

　同じものを買ったとしても、事前にひと言相談することで、妻の反応や自分への評価は 180 度変わるはずです。

- -

妻を感動
させる行動

記念日に、調理も後片付けも全部自分が担当した上で、一緒にお高めのステーキ肉を食べる

売り場で妻に「これ、
買っちゃおうかな?」と聞かれて

153 「うーん、
いらないんじゃないの」

　洋服売り場や靴売り場、あるいはカバン売り場やアクセサリー売り場、はたまたスーパーや百均など、世の中のすべての売り場で押してしまいがちなスイッチです。

　たとえば洋服売り場で、妻が「これ、買っちゃおうかな?」と聞いてきたら、それは相談ではありません。「買うことにしたから」という報告です。場合によっては「お支払いよろしくね」という意味が含まれていることも。

　すでに決めたことの報告に対して、明確な理由も強い覚悟もなく、軽い気持ちで「いらないんじゃないの」と異を唱えるのは、無謀な行為と言わざるをえません。実際、迷った末に買うと決めたものは、必要か必要じゃないかといえば、ほとんどは「必要ない」に分類されてしまいます。

　しかし、買い物というのは必要性がすべてではありません。妻としては、買う気になっているのにそれを否定されたら、自分を否定されたような気持ちになってしまうでしょう。よっぽど強く反対したい理由があるとき以外は、あっさり同意するのが夫の務めです。

- -

妻が望んで
いること

洋服や靴などの場合、「これも素敵だけど、こっちの色はどう?」と積極的に意見を言うことで妻の身につけるものに関心があることを示す

美容院に行った妻に「いくらだったの?」
と料金を尋ねて

154 「もっと安いところが あるんじゃないの?」

値段を聞いた瞬間に「高っ」と感じて、こう言ってしまうことはありそうです。しかし、妻にしてみれば「キミの見た目にそんな値打ちはない」「高いわりにはたいした仕上がりではない」など、念入りな侮辱にしか聞こえません。

料金が相応かどうか、誰よりも厳しく判断するのは妻です。夫が口を出すのは避けたほうが無難でしょう。

- -

妻が望んでいること 何はさておき「似合ってるよ」と髪型をホメること。料金の話はまったく必要ない

妻が「あっ、ポイントカード忘れちゃった」
と言っている

155 「またかよ。 もったいないなあ〜」

スーパーにせよカフェの類にせよ、ポイントカードを忘れた妻を責めたくなる気持ちは、よくわかります。しかし、具体的な損害は極めて些細なもの。妻としては、「そこまで言わなくても」と恨みを抱くでしょう。

心に浮かんだことをそのまま口に出すのは危険。時には黙って飲み込むことができるのが、一人前の大人です。

- -

 「いいよいいよ。その分、運がたまったんじゃ
ないの」と前向きな解釈をする

酒を飲むと人におごる癖があり、
それを妻に怒られた

156 「男には見栄ってもんが あるんだよ」

　自分自身も、これまで先輩や上司におごられてきたことや、いろんな状況でおごられたことを考えると、誰にもおごらないまま生きていくわけにはいきません。いや、不可能ではありませんが、おごることを頑なに避けて生きていくと、寂しくて味気ない人生になるでしょう。

　妻もそこは理解しているはずですが、限度を超えた気前良さを発揮しているとなると話が別。夫の金銭感覚がルーズだと、妻としてはたまったもんじゃありません。

　男に限らず、「見栄ってもんがある」のは確かです。しかし、じつは自制心のなさを無理に言い訳しているにすぎないので、妻の心にはまったく響きません。しかも「男には」と、時代錯誤で根拠がない特権意識を前面に押し出されたら、さらに怒りに拍車がかかるでしょう。

　身の丈に合わない見栄を張ってしまうのは、コンプレックスなりストレスなり、何か理由があるはず。無駄遣いをするばかりか、自分の問題点から目をそらして強がっているようでは、たぶん遠からず妻に愛想を尽かされます。

- -

**夫株を
上げる
ひと言**　「間違っていたよ。俺がいちばん見栄を張るべきは、キミに向けてだよね」と反省する。ただし、行動が伴わないといっそう信用をなくす

157 衝動的にタケノコを
買って帰る

　その気持ちは大いにけっこうですが、タケノコはいざ食べるまでの下処理がたいへんです。しかも、買ってすぐに下茹でしなければ、せっかくのおいしさも台なし。

　もし妻にやらせるつもりだとしたら、あまりにわがまますぎます。自分で大半をやるつもりだとしても、メニューの急な変更など、妻の負担は小さくはありません。

- -

妻が望んでいること

「今度の週末はタケノコを茹でようか。旬だしね」と提案した上で、自分が茹でて妻をもてなす

旅行先で妻と博物館に行って
チケットを購入しながら

158 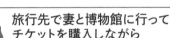「ここは俺が
払っといてあげるよ」

　定額のお小遣い制にせよ、夫婦でお財布は別々になっているにせよ、この状況で夫が「払っといてあげる」という言い方をするのは、決して間違いではありません。

　ただ、言われた妻としては、過剰な恩着せがましさや感謝を強要されている気配を感じて、微妙に不愉快になるかも。自分が払うときほど、言葉には気を付けましょう。

- -

妻が望んでいること

黙ってチケットを買い、妻に「ありがとう」とお礼を言われたら、小さく「うん」と返す

5章

気付かぬところで
不快感は蓄積していく

日常生活のスイッチ

小さな不満も積もれば 大爆発を引き起こす
〜日常生活〜

同じ空間で生活していると、相手のいろんな癖や行動が目に付きがち。ひとつひとつは些細なことでも、油断していると大ごとに発展します。

注意されたらあらためることで 大惨事を防ぐことができる

妻の怒りを引き起こす種はさまざま。明らかに身勝手な暴言や配慮のないリアクションといった「派手」なものとは限りません。自覚していない癖やちょっとした手抜きなど、些細なことであるケースも多々あります。

ひとつひとつを見れば「そんなことで怒らなくても」と言いたくなるかもしれません。しかし、軽く見るのは危険。妻に何度注意されてもあらためなかったり、「べつにいいじゃん」と流していたりすると、そのたびに妻の心の中にある「怒りのダム」の水量が増えていきます。

ダムの容量は無限ではありません。限界に達すると一気に決壊し、夫に向けて怒りの濁流が勢いよく流れ出します。

そうなってからあわてても手遅れ。場合によっては、二度と元には戻れない大惨事を引き起こしてしまいます。

納得できない場合は言い分を
伝えてしっかり妻と話し合おう

　日常生活の危険なスイッチは、妻が時に遠回しに時にストレートに「このへんは危ないよ」「それはスイッチだよ」と教えてくれているはず。自分なりの「このぐらいいいだろ」にこだわって反発せず、謙虚に耳を傾けましょう。

　その上で、納得できなかったり自分には厳しい要求だったりした場合は、言い分を伝えて話し合うことが大切です。言われたときだけ納得したフリをして、同じことを繰り返すことで「男の意地」を示している気になるのは最悪。夫に対する幻滅と絶望を植えつけることになります。

妻から何度も「座ってして」と言われているのに

159 トイレで立ったまま「小」をする

　ここ20年ぐらいでしょうか。自宅のトイレで男性が立ったまま「小」をすることに対して、厳しい非難の目が向けられるようになりました。立ってすると便器の周囲や服が汚れるからというのが、その理由。

　2021年にとある家庭用品メーカーが行った調査では、「座りション」派の男性が60%を超えました。若い男性には、物心ついた頃から座ってするのが当たり前の「座りションネイティブ」が増えているようです。

　女性を対象にした調査でも、同居男性に対して「必ず座ってほしい」「できれば座ってほしい」と考えている人の割合は、合わせて80%近くに達しています。

　自分でトイレを掃除するならまだしも、おもに妻がトイレを掃除している場合、「俺は立ってしたいんだ！」「男は立ってするもんなんだ！」と言い張るのは、かなり無理があると言えるでしょう。

　妻や家族のために、自分を変えられるかどうか。この問題は、夫としての覚悟の有無も問うています。

- -

妻が望んでいること

「これからは座ってするよ」と宣言し、実行する。誰も見ていないからとこっそり立ってするのは厳禁。必ずバレて、妻の信用を失う

妻から何度も「帰る時間を伝えて」
と言われているのに

160 何時に帰ってくるかを
言わない

　夫としては「いちいち連絡するのは面倒くさい。まあ、たいしたことじゃないし」という気持ちなのでしょう。しかし、妻が先に家に帰っている日が多いとしたら、夫がいつ帰るかわからないのは大きなストレスです。

　少しの手間を惜しんで妻に負担をかけている勝手な構図に気付かないのは、怠慢以外の何ものでもありません。

- -

妻が望んでいること

できれば朝、遅くとも妻が夕食の買い物に行く前に、帰る時間とご飯がいるかどうかを伝える

妻から何度も「もっと早く言ってよ」
と言われているのに

161 でかける予定を
当日になってから言う

　「でかけるのは自分だけだから妻とは関係ない」という問題ではありません。もしかしたら妻は、夫と一緒に行きたいところややりたいことがあったかも。

　まして、いきなり「今日は実家に行くから、キミも準備して」なんて言われたら、間違いなく大ゲンカになるでしょう。夫婦という関係に甘えるのも限度があります。

- -

妻が望んでいること

スマホのアプリでも壁掛けカレンダーでもいいので、お互いの予定が把握できるようにする

妻が「体調が悪い」と言いながら
横になっている

「今日のご飯、どうすればいい?」

　夫としては、妻のご飯も含めて、心配する気持ちを込めつつ「どうすればいい?」と聞いたつもりでした。

　しかし、この流れでこのフレーズを言ったら、残念ながら真意は伝わりません。妻は「自分のご飯の心配だけするなんてヒドイ!」と激怒し、即座に「病気の妻を思いやることができない冷酷で無神経な夫」という評価を下します。

　いったん激怒モードに入ったら、もはや手遅れ。どう説明しても、苦しい言い訳としか思われません。

　実際、世の中には「俺は外で食べてくるから大丈夫だよ」とでかけることが、体調が悪い妻へのやさしさだと勘違いしている夫が存在しています。本人は「妻の手間を省いてあげた」と得意げですが、妻は何を食べればいいのか……。

　そんな背景があるだけに、この場面では、たとえば、「どういうものなら食べられそう?　買ってくるよ」などと、明確に「妻のご飯の心配をしている」ことを前面に押し出したいところ。ご飯の話題以前に、「大丈夫?　日頃の疲れが出たのかな」といったねぎらいも必須です。

- -

夫株を
上げる
ひと言

「あんまりつらいようならお医者さんに行ったほうがいいよ。近くですぐに診てもらえそうなところを探してみるね」

不妊に悩む妻に「あなたも検査してみて」
と言われて

163

「俺は大丈夫だよ」

不妊の原因が夫の側にあるケースは少なくありません。すでにクリニックに通っている妻に検査を勧められて、即座にこう答える夫は、念入りな猛省が必要です。

夫婦の問題に対して力を合わせようとせず、大事なことから逃げる姿を見せられた妻は、この先も夫婦生活を続けていけるかどうか強い不安を覚えるでしょう。

- -

夫株を
上げる
ひと言

「さっそく行ってみるよ。キミだけ病院に行かせていてごめん。一緒に頑張っていこう」

寒がりの妻が高めの温度に
設定したのに寝たあとで

164

寝室のエアコンの
温度設定を低くする

長い夫婦生活において「エアコンの温度」は、非常に重要な問題です。とくに意見が分かれがちなのが、夏の暑い時期に寝室の温度をどのぐらいに設定するか。

妻が「28℃にして」と言っているのに、寝入ったあとで暑がりの夫がこっそり26℃に設定を変更……。もし妻が体調を崩したら、簡単には許してもらえないでしょう。

- -

妻が望んで
いること

多少の暑さは我慢して妻にとっての最適な温度に合わせる。それが無理なら別の部屋で寝る

妻の失敗や失言、家の中の
散らかっている様子など

165 妻の"恥"を SNS にアップする

人は SNS の魔力に絡めとられると、冷静な判断力をなくしてしまいます。常に「SNS にアップできる面白いネタはないか」を探している夫は、妻が失敗や失言をすると心の中で小躍りして飛びつかずにいられません。

冷蔵庫の奥から賞味期限を 5 年過ぎた食材が発掘されたといった"事件"や、クローゼットが念入りに散らかっているといった"衝撃の光景"も大好物。SNS でのウケを狙って、いつの間にか顚末や写真をアップしています。

夫はお友だちやフォロワーに反応してもらって、きっと満足でしょう。しかし、自分の恥ずかしい失敗や、家の中の他人に見せたくない部分を勝手に発信された妻は、たまったもんじゃありません。

妻が直接見つけて「すぐ削除して！」と言っても、夫の側は「えー、面白いのに」とノンキに受け止めてしまいがち。投稿を見た第三者が、妻に半笑いで「こんなことがあったんだってね」と伝えて、そこで初めて投稿を知った場合、妻の怒りのボルテージは一気に上昇します。

妻が望んで
いること

自分をネタにするのはやめてほしい。冷蔵庫の"遺跡"は夫婦ふたりの責任だけど、見た人には妻がだらしないと思われる

126

郵便物をポストに投函するのを忘れて
妻に責められた

166 「そう言うけどキミだって」
と反論する

　明らかに自分が悪かったのに、妻に注意されると反論せずにいられない夫は少なくありません。言われっぱなしだと「夫の沽券（こけん）に関わる」と思っているのでしょうか。

　当たり前ですが、ここで大切なのは素直に謝ること。関係のない話を持ち出してきて「反論」したつもりになっているほうが、よっぽど夫としての値打ちを下げます。

- -

夫株を
上げる
ひと言

「ごめんごめん。うっかりしてた。明日、会社に行く前に必ずポストに入れるよ」

妻が朝から「〇時に出発しようね」
と言っているのに

167 その時間になってから
準備を始める

　買い物にせよ友だちの家を訪ねるにせよ映画を観に行くにせよ、妻はある程度の計画を立てて、あるいは遅刻しないように、出発の時間を念押ししてくれています。

　ところが、夫の側に協力の姿勢が見られないこともしばしば。出発時間が予定より遅れることが続くと、やがて妻はどこにも一緒にでかけてくれなくなるでしょう。

- -

「ありがとう。いつもキミが時間の配分を考えてくれるから助かるよ」

妻に難しい相談をされたり都合が悪い話になったりすると

168

「お腹が痛い」と言って寝てしまう

　妻から「お義母さんにこんなふうに言われたんだけど、どうしたらいいと思う？」と相談されたり、カードの明細を突き付けられて「このレストランは誰といったの？」と追及されたり……。どう答えていいかわからないときや、正直に答えるわけにはいかない場合もあります。

　かといって、いきなり「お腹が痛い」とか「頭が痛い」と見え見えの仮病を発動させて、寝室に逃げ去ってしまうのは最悪の対処。何の解決にもならないどころか、妻は怒りや不信感をふくらませて、事態をさらに悪化させます。

　難しい相談をされたときは、すぐに明快な答えは出せないにしても、一生懸命に考えて自分なりの意見を述べましょう。大切なのは、妻と一緒に悩むことです。

　都合の悪い話をされたときは、半端にごまかそうとしても、ほとんどの場合はごまかせません。むしろ罪を重くするだけ。正直に話して、謝るべきは全力で謝るのが、こういう状況におけるもっとも誠実な対応です。妻が許してくれるかどうかは、また別の話ですけど。

- -

妻が望んでいること
ややこしいことや都合の悪いことから逃げずに、妻ときちんと向き合って話をする。それが信頼を得たり、許してもらったりする第一歩

妻から何度も「カゴに入れて」
と言われているのに

**169 脱いだ靴下を
床に放置したまま**

こっちとしては、妻に「もー、また！」と叱られても、半ばウケ狙い半ば妻に甘えて、いつも靴下を放置してしまっています。しかし妻としては、毎日毎日、床に夫の靴下が落ちていたら、さぞイライラするでしょう。

小さなことでも、積み重なると大きなストレスや嫌悪感につながります。手遅れになる前に改めましょう。

- -

 脱いだものはきちんと洗面所のカゴに入れる。
洗濯の担当も引き受ければなおよし

 妻から何度も「やめてよ」と
眉をひそめられているのに

**170 手で押さえず
豪快にくしゃみをする**

たしかに、豪快にくしゃみをするのは気持ちのいい行為です。とはいえ、ツバキも目に見えて豪快に飛び散ってしまいかねません。風邪気味のときのクシャミは、ちゃんと手で押さえないと、感染を広げる恐れもあります。

誰かと一緒に暮らしている以上、相手を不快にさせない気遣いは必要。親しき仲にもエチケットあります。

- -

 急に出たときは仕方ないが、くしゃみをするときは別の部屋かトイレに行ってほしい

実は妻がやめてほしいと思っている

【相づちのスイッチ】

無意識に発しているので、そこに潜む危険性には気付きません。しかし、妻は日々イライラを募らせています。

171 「ふーん」
　　　よそ見しながらこう返すと、妻は「私の話なんて1ミリも興味ないのね」と思ってしまいます。

- -

172 「あー、はいはいはい」
　　　「はい」にせよ「うん」にせよ、何度も繰り返すと「適当にあしらっている感」が強調されます。

- -

173 「なるほど、なるほど」
　　　これも「適当にあしらっている感」が出てしまう相づち。どことなくよそよそしさも漂います。

- -

174 「たしかに」
　　　暗に「そのぐらい俺も気付いていた」と主張して、マウントを取ろうとしているように聞こえます。

- -

175 「わかるよ」
　　　ぜんぜんわかっていないのにこう返すのは危険。妻は間違いなく、わかっていないことを見抜きます。

176 「それで?」or「で?」

低いテンションでこう返すのは、「そんな話はどうでもいい」と言っているのも同然です。

177 「うっそぉ〜! なんで!?」

大げさすぎる相づちを繰り返すと、妻は「私、バカにされてる?」と感じてしまうでしょう。

178 「え〜〜、マジで〜〜!?」

これも同様。ぜんぜん驚いていないのにとりあえずこう返す癖がある人は、注意しましょう。

179 「ハハハ」

話を聞いていないと、深刻な内容だったのにとりあえず笑っておくという暴挙をしでかすことも。

180 「うんうん、そうそう」

話を最後まで聞かず、かぶせ気味に相づちを打っていないか、胸に手を当てて考えてみましょう。

181 すぐ横で大きな音の
オナラをする

せっかくのいい場面が台なしです。音がないオナラなら
セーフという話ではありません。それはそれで、ドラマの
世界に浸っている妻にはいい迷惑です。

夫としては「自宅なんだからオナラぐらい自由にさせて
くれよ」と言いたいかも。ちょっとした茶目っ気で妻を笑
わせようとして、豪快に音を出すこともあるでしょう。し
かし、物事にはタイミングというものがあります。

もしかしたら妻は、少し顔をしかめて「もう、やめてよ」
と言うぐらいで、怒りはしないかもしれません。だからとい
って、広い心で受け止めてもらっていると考えるのは早計。
すでに夫に対する期待値がすっかり下がっていて、怒るの
も面倒と思われている可能性もあります。

往々にして夫の側は、自分に都合よく「妻は許してくれ
る」「妻はわかってくれている」と考えがち。そんな油断が
時と場合を考えない大きな音のオナラを生んでいるとした
ら、非常に危険です。その一発が、夫婦のあいだに修復で
きない亀裂を作ってしまうかもしれません。

- -

妻が望んで
いること

好きなドラマに没頭しているときは、そっとし
ておいてほしい。オナラをするなら、別の部屋
かトイレに行って好きなだけしてほしい

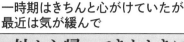

一時期はきちんと心がけていたが
最近は気が緩んで

182 外から帰ってきたときに
手を洗わない

「衛生観念」は人によって差があります。手洗いやうがいは、習慣として身についていないと、ついサボりがち。コロナ禍のときはマメにやっていたけど、最近は省略しがちになった人もいるでしょう。

そんな様子を見て、妻は不衛生だと眉をひそめるだけでなく、人としてだらしないと幻滅してしまいます。

- -

妻が望んでいること

手を洗うときはちょっと濡らして終わりではなく、ハンドソープを使って丁寧に洗う

以前も妻に「それやめたほうがいいよ」
と言われたのに

183 エレベーターのボタンを
鍵の先で押す

最初は何の気なしにでしたが、いつの間にか癖になりました。コロナ禍以降は「直接指で触れるより安心」と感じるからか、そうする人が増えた気がします。

しかし、金属の鍵で押されたら、プラスチック製のボタンはたまったもんじゃありません。妻が眉をひそめるのは、公共物を平気で傷付ける行為がみっともないからです。

- -

妻が望んでいること

ボタンは自分の指で押す。気になるなら、弾力性のあるキーホルダーを付けてそれを使う

以前は妻にうるさく注意されたが
最近は何も言われない

184 使っていない部屋の 電気を消さない

蟻が開けた小さな穴が原因で、大きな堤防が決壊するという話があります。こうした「小さいだらしなさ」の積み重ねは、夫婦関係に深刻な影響を与えかねません。

かつてはうるさく注意されたのに、最近は諦めたのか何も言われなくなり、妻が無言でスイッチを切っているというケースもあるでしょう。杞憂かもしれませんが、それは極めて危険な状況です。

妻は心の中のかなり深いところで、夫に愛想を尽かしている可能性が大。「慣れっこになったんだな」とノンキに構えている場合ではありません。

部屋のドアが開けっぱなしだとか、テーブルの上のカップを片付けないとか、寝るときにテレビを消さないとか、そういうことに対しては、うるさく言われているうちが華という一面があります。

改善させることを諦めるだけでなく、自分という人間全体に対して諦めの気持ちを持たれてしまったら、もう取り返しがつきません。その前に行動を改めましょう。

- -

妻が望んでいること

一度注意したことは、次からきちんとやる。もし納得できないなら、ブツブツ文句を言ったり逆ギレしたりせず、落ち着いて話し合う

134

居酒屋にせよファミレスにせよ
喫茶店にせよ外食の際に

店のスタッフに高圧的な態度を取る

185

「ったく、いつまで待たせるんだよ」「にいちゃん、こっちにビール」「おい、皿は静かに置けよ」……などなど。夫が店のスタッフに高圧的に出るタイプの場合、妻としては「一緒に外食したくない」と強く思います。

言うまでもなく、極めてカッコ悪い態度です。もしかして「こっちは客なんだから立場が上なんだ」と思っているとしたら、大きな心得違い。店と客は役割の違いがあるだけで、あくまで立場は対等です。

今まで、店のスタッフに対して「気を遣う必要なんてない」「金を払っている側が威張るのは当然だ」と思っていたとしたら、それはとんでもない心得違い。即座に心を入れ替えましょう。

そんなあなたに対して、妻は一緒に外食したくないだけでなく、人間性そのものにホトホト嫌気が差しているかもしれません。子どもの前でもそんな態度を平気で見せているとしたら、「こんな人とは一刻も早く離れなければ」と強く思っている可能性もあります。

妻が望んでいること

ことさら下手に出る必要はないが、コンビニでも旅館やレジャー施設でも、スタッフに対して丁寧な口調で穏やかに接してほしい

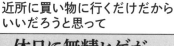
近所に買い物に行くだけだから
いいだろうと思って

休日に無精ヒゲが
伸びたまま出かける

　妻としては、一緒に出かけたくないのは言うまでもありません。たとえ夫だけでも、そんな状態で外をウロウロされるのは、きっと勘弁してほしいでしょう。

　身だしなみの「セーフ」と「アウト」は、人によって違います。はっきりした基準はありません。とりあえずは妻の感覚に従うのが、夫としての「正解」です。

妻が望んで
いること

ヒゲにせよ寝ぐせにせよ、外に出るときは身だしなみを整える。部屋着のままもアウト

それなりに気を付けているつもりなのに
妻は不満らしい

洗面所の床を
ビチョビチョにする

　妻にしてみれば、大きなストレスです。ひとり暮らしのときは、まったく気になりませんでした。実家にいたときは、もしかしたら母親が拭いてくれていたのかも。

　妻に「気にしすぎだよ」と言ったら怒られそうだし、まして尻拭いならぬ床拭いを期待するのはあまりに甘えすぎています。よりいっそう気を付けるしかありません。

夫株を
上げる
ひと言

「いくら僕が水も滴るいい男だからって、床は水が滴っちゃダメだよね」（逆効果かも？）

妻がママ友に嫌われたかもしれないと
気に病んでいる

188

話をよく聞かずに「考えすぎだよ」と片付ける

　深刻な問題なのか、実際に妻の考えすぎなのか、それはわかりません。はっきりしているのは、妻が大きな不安を感じているということ。

　夫の役割は、妻の不安を少しでも軽くする手助けをしてあげることです。そのためにはまず、どういうことがあって妻が何を気にしているのか、どうしたいと思っているのか、じっくり耳を傾けましょう。

　その上で、「考えすぎだよ」と言ってあげるのが有効なケースもあります。ただし、客観的に見て「考えすぎ」かどうかは関係ありません。ポイントは、考えすぎと受け止めることで、妻の気持ちが楽になるかどうかです。

　「気にしすぎだよ」「たいしたことじゃないよ」といった言葉も、軽々しく使うのは危険。そう思ったほうがいい場面もありますが、しっかり話を聞いてからじゃないと、相手の気持ちを楽にする効果は期待できません。

　あわてて繰り出すと、「私はこんなに悩んでいるのに軽く片付けられた」とガッカリされます。

- -

妻が望んでいること

妻の言動に問題があると思っても、すぐに指摘したりアドバイスしたりするのは厳禁。言うとしても少し時間を置いたほうが伝わりやすい

体調がすぐれず、妻に
「早く病院に行ってよ」と言われて

189 「俺、病院はどうも
　　苦手なんだよな」

　本人の頭の中には「ワイルドだろ〜」と、あのお笑い芸人の決めフレーズが浮かんでいるのかもしれません。しかしそう言われた妻は、ワイルドどころか、「なんて気が小さくて情けない人なの」と罵りたい気持ちになるでしょう。

　苦手だの忙しいだの言っている場合ではありません。早めに病院に行くのは妻や家族のためでもあります。

- -

 「心配してくれてありがとう。そうするよ。何ともなかったらなかったで安心できるもんね」

ご飯を食べているときや
ソファーに座っているときに

190 たまに大きなため息をつく

　「妻に何か言いたいわけじゃない」というのは、言い訳になりません。同じ家の中で、夫が大きなため息をついていたら、妻としてはとっても気になります。

　仕事がたいへんだったり悩みごとがあったりすることもあるでしょう。しかし、何の遠慮もなく妻に心配をかけるのは、夫としても同居人としてもマナー違反です。

- -

 妻の前でため息はつかないようにする。ついてしまったときは、その理由を妻に話す

138

何気なく押していないかをチェック！

妻のスイッチ【日常生活編】

「スイッチ」は、いたるところに潜んでいます。身に覚えがないか、胸に手を当てて考えてみましょう。

 191 歩道の真ん中を歩いて
すれ違う人とぶつかりまくる

 192 エスカレーターを駆け上がったり
駆け下りたりする

 193 エレベーターでベビーカーの親子を
押しのけて先に乗る

 194 マンション内でよその子に挨拶されても
黙ったまま

 195 ドアを押さえてもらっているのに
無言ですり抜ける

 196 道を渡ろうとしている人がいるのに
クルマを止めない

 197 クルマが来ないと子どもの前でも
赤信号なのに渡る

 198 町内の清掃活動や管理組合の集まりには
絶対に出ない

 199 返信が必要な内容の LINE を送っても
既読スルーする

 200 妻からの着信履歴があっても
折り返したためしがない

何気なく押していないかをチェック!

妻のスイッチ【電車編】

「スイッチ」は、いたるところに潜んでいます。身に覚えがないか、胸に手を当てて考えてみましょう。

 201 混んだ電車が駅に着いても
ドア付近で仁王立ちしたまま

 202 お年寄りや足が悪い人が前に立っても
席をゆずらない

 203 ベビーカーが乗ってくると
露骨に迷惑そうな顔をする

 204 赤ん坊が泣き出すと
露骨に嫌そうな顔をして舌打ちする

 205 乗った途端にスマホを見て
降りるまでひと言も話さない

 206 新幹線などのふたり掛けシートで
迷わず自分が窓側に座る

 207 新幹線などに乗るときには
昼間でも迷わずビールを買う

 208 そこそこ混んでいるのに
荷物を座席に置いたまま寝る

 209 事故などで電車が遅れると
駅員に強い口調で文句を言う

 210 乗り換え方がわかりづらい駅で
自分だけスタスタ歩いていく

6章

「スイッチ」の密集地帯に
要注意

実家&義実家&親戚
のスイッチ

微妙な立場にある妻を あたたかく労わりたい

～実家＆義実家＆親戚～

自分の親や実家は、とても大切です。それは妻だって同じ。大前提を忘れて己の立場や気持ちばかりを優先すると、とんでもない事態を招きます。

スイッチの密集地帯であると認識し、言動には細心の注意を払いたい

　それぞれの実家、とくに夫の実家は、押してはいけないスイッチの密集地帯です。それぞれの親や親戚に関する話題にも、どこに妻のスイッチが潜んでいるかわかりません。

　妻にとって夫の親はいつまでたっても緊張する相手だし、夫の実家では疎外感を覚えてしまいます。仲良くやってくれているようでも、それは妻の賢さと気配りのたまもの。労わりと感謝の気持ちを忘れないようにしましょう。

　そして、夫が自分の親や実家を大切に思うように、妻も自分の親や実家を大切に思っています。しかし夫は、自分の親や実家に対する思い入れや忠誠心が先走って、妻の気持ちをないがしろにしがち。悪気はなかったとしても、そ

れはかなり身勝手な振る舞いです。

厄介な状況の中で大切なのは
「妻の味方でいる」という覚悟

　さらに厄介なことに、夫の心の奥底には、実家の親の価値
観がこびりついています。その価値観はほぼ例外なく、妻
にとっては理不尽で不愉快なものと言っていいでしょう。

　妻は妻で、実家の親の価値観が心の奥底にこびりついて
いますが、極端に夫を苦しめるケースは少なめです。そん
なバランスの不均衡も、いさかいが多くなる一因かも。

　夫としては、まずは妻が置かれている立場の微妙さを認
識しましょう。夫側の実家や親に対して、複雑な気持ちを抱
いていることにも想像力を働かせたいところ。何より大切
なのは、「どんなときも妻の味方でいる」という覚悟です。

いつもはソファーで
ゴロゴロしてるだけなのに

211

義父母の前では
マメに家事をする

「妻の親の前でいいところを見せたい」「娘はいい人と結婚したと思われたい」という気持ちは、よくわかります。

しかし、夫が自分の親の前で急に張り切りだすと、妻としては複雑な心境にならざるをえません。いつもはロクに動かないくせに、食事のときにマメにテーブルに食器を並べたりして、義母に「あらあら、すみません。気が利く夫を持って〇〇も幸せね」なんて言われたとします。

人間は、物事を自分に都合よく解釈する生き物。自分の中では「俺がいい夫っぷりを示せば、妻も鼻が高いだろう」ぐらいに思っているかもしれません。しかし、それは大きな勘違い。妻は「やれるんだったら、普段からやれよ」と日頃の不満が湧き上がるとともに、両親の前でいい顔をしている夫にズルさや姑息さを覚えてしまうでしょう。

かといって、ソファーでゴロゴロしていたら、それはそれで妻の怒りを買うのは必至。お皿を持って「こ、これはどこに置きましょう」とキョロキョロするなど、適度に「取ってつけた感」を漂わせたいところです。

- -

**夫株を
上げる
ひと言**　手伝いながら「いやあ、いつもは妻に頼り切ってるんですけど、じっとしているのもと思って」と言い訳しつつ妻を立てる

昔、妻の実家で出てきた味噌汁に
驚いたという話の中で

212

「普通、ミョウガは
入れないよね」

　自分がたまたま知らなかっただけなのに、「普通はありえ
ない」と決めつけるのは、大胆かつ浅はか。ちなみに、ミ
ョウガは味噌汁の具としてまあまあポピュラーです。

　こういう言い方をされたら、妻としては実家や両親をバ
カにされたようにしか聞こえません。しかも、視野の狭さ
や人としての底の浅さを露呈してしまいます。

「初めてのときはビックリしたけど、ミョウガ
の具もおいしいよね。世界が広がったよ」

親の世話などできょうだいとの
不公平を妻に指摘された

213

「俺、長男だからさ」

　妻にしてみれば「それがどうした」としか言いようがない
話です。自分の中で「長男の自覚」や「長男の責任感」を持
つのは勝手ですが、妻にしてみれば、だから不公平を我慢し
ろと言われても納得できません。

　これは「俺、次男だから」でも同じこと。無意味で古くさ
い呪縛にとらわれていると、妻に愛想を尽かされます。

長男とか次男とかにこだわらず、対等の立場で
ほかのきょうだいときちんと話し合う

帰省前に妻から「手土産は何が
いいかな?」と相談された

214

「なくてもいいと
思うよ」

　妻の実家ではなく、夫の実家に帰省する前の会話という
想定です。夫としては「自分の家」という意識が強いし、実
の親に気を遣う必要性は感じていないかもしれません。し
かし、妻は違います。いつまでたっても「よその家」であ
り、訪れる際にはそれなりに緊張してしまうのが常。

　夫としては、妻が頭を悩ませる苦労や家計への負担を取
り除いてあげようと思って、手土産はなくてもいいと言っ
たのでしょう。しかし、その気遣いは完全に的外れ。それ
どころか大迷惑です。

　夫の言う通りに手ぶらで言ったらどうなるか。仮に夫の
両親がそういうことをまったく気にしないタイプだったと
しても、妻自身は「手ぶらで夫の実家に来てしまった罪悪
感」や「ダメな妻と思われているのではないかという恐怖
心」に苛まれなくてはなりません。

　夫が「気にしすぎだよ」と感じるのは勝手ですが、妻の
心配や不安の種はなるべく取り除いてあげるのが、夫とし
ての本当の意味での気遣いでありやさしさです。

- -

妻が望んで
いること

まずは「考えてくれてありがとう」とお礼を言
う。「今度の休みに買いに行こうか」と提案し、
デパ地下などで一緒に選ぶ

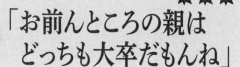

215

「お前んところの親は どっちも大卒だもんね」

　学歴の話題は、非常にデリケート。自分の親は高卒だったとします。相手の親をホメたつもりで言ったとしても、引け目やコンプレックスを感じているようにしか聞こえません。言われた妻は、どう答えていいかわからずに困ってしまいます。

　逆の状況で、自分の親より相手の親のほうが学歴が低かった場合、まさかそれをバカにするようなことは絶対に言わないはず。ただ、相手の親のほうが学歴が高いと、何かの拍子にこういうことを言ってしまいかねません。

　たぶん、自覚していないだけで、引け目やコンプレックスがあるのでしょう。妻に対して「お前は大卒で頭がいいから」「どうせ俺は……」なんてことを言ってしまうケースもありそうです。

　親のことにせよ自分のことにせよ、心の中で思う分にはギリギリセーフですが、こういうことを口に出したら、みっともないことこの上ありません。しかも「面倒くさい人」「器の小さい人」という印象を念入りに与えます。

妻が望んでいること

互いの親の学歴の話題にはいっさい触れない。自分の親の学歴の低さを自虐ネタっぽく持ち出してくるのもタブー。妻は反応に困るだけ

いつもはそれなりに家事をしているが
自分の実家だと

216 どっかり座ったまま
動かない

馴染み深い自分の実家だと、ついついくつろいでしまいがち。妻も夫の顔を立ててあげようというやさしさからか、ある程度は大目に見てくれる傾向があります。

ただ、どこまでも許されるわけではありません。怒られないのをいいことに甘えていると、怒りや幻滅が徐々に積み重なって恐ろしい展開を招くことになるでしょう。

- -

妻が望んでいること
「キミはゆっくりしてて」と言って、食器を並べるなどいつもの150%ぐらいで小まめに動く

妻の実家で義父と差し向かいで
お酒を飲んでいるときに

217 チラチラとスマホばかり
気にしている

みんなで談笑していたり、テレビを見ていたりするときも同じ。クセになっていて、自宅ではそれが普通かもしれませんが、義実家にいるときは極力こらえましょう。

「そんなに俺と飲むのが嫌なのかな？」「こいつ、浮気してるんじゃないの？」など、義父を疑心暗鬼にさせてしまいます。疑心暗鬼じゃなくて、実際にそうかもしれませんけど。

- -

妻が望んでいること
ギクシャクでもいいから、どうにか共通の話題を見つけて義父や義母と談笑してほしい

「ま、口に合わない かもしれないけど」

218

こっちは謙遜のニュアンスを込めた軽口のつもりだったとしても、妻としては「なんてことを言うんだ！」と青ざめつつ、夫への激しい怒りが湧き起こります。

夫にせよ妻にせよ、結婚してからも実家は「自分の家」のように錯覚しがち。実の親は「自分の側の人間」で、配偶者は「お客さん」として扱う傾向もあります。怖いセリフが出てくるのも、そういう前提があるから。

妻としては「日頃からあなたの実家の料理がマズイと言っているみたいじゃないの！　私、そんなこと言ったことないのに！」と叫びたい気持ちになります。あわてて全力でホメても、疑惑を払拭できた気にはなれません。

母親のほうも「また言ってる」ぐらいで流してくれたらいいのですが、最悪の場合「もしかしたら、この嫁は日頃から、私の料理の不満をこぼしているのかしら」という疑いを抱いてしまう可能性もあります。

悪気がないというのは、言い訳になりません。実家でも義実家でも、いつも以上に言葉に気を付けましょう。

- -

妻を感動させる行動　母親に「こいつ、母さんの料理の大ファンなんだよ。今回も楽しみにしててさ」と伝える。妻が母親の料理をホメるよりも、はるかに効果的

母親から「嫁失格」だと言われたと
妻が怒っている

219
「母さんも悪気があって
言ってるわけじゃないから」

　自分の母親は気が強いタイプ。妻も上手に合わせながら、どうにかうまくやってくれていました。ところが、何か行き違いがあったようで、母親が妻に対して「ウチの嫁として失格」という意味の言葉をぶつけたようです。

　妻にとって、これ以上の侮辱はありません。怒った妻は「お義母さんにこんなことを言われた！」と、涙目で訴えてきました。

　夫としては妻をなだめたいし、息子として母親を悪く言いたくない気持ちもあります。しかし、こう言ったら妻の怒りの対象は、即座に義母から自分に移るでしょう。

　悪気がないということは、母親の「嫁失格」という指摘が事実だと言っているようなもの。意地悪で言っているほうがよっぽどマシです。

　そもそも、妻が激しく侮辱されて悔しい思いをしているのに、母親をかばっている場合ではありません。大事な場面で自分の味方をしてくれず、つらい気持ちをわかろうとしない夫に、妻は激しく幻滅するでしょう。

- -

夫株を
上げる
ひと言

「母さんがひどいこと言ってごめん」と謝る。「失格どころか、こんな最高の妻はどこにもいないよ」ぐらいのことも言っておきたい

夕食のときに妻が「実家の両親が……」
と話し始めた

220 子どもの前で 義両親の悪口を言う

「お義父さん、酒癖わるいよね」「お義母さん、話が長いんだよな」ぐらいの愚痴混じりの悪口は、妻とふたりのときだったらどうってことないでしょう。

しかし、子どもの前となると話は別。子どもが幼い場合は義両親に伝えてしまいそうだし、思春期ぐらいの年齢だと重く受け止めて、大人への不信感につながるかも。

妻が望んでいること

相手の親に言いたいことがあるのはお互いさま。どちらも黙って飲み込むのがルールである

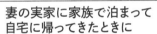

妻の実家に家族で泊まって
自宅に帰ってきたときに

221 義母の料理の 味付けへの不満を漏らす

さすがに、義母に向かって料理の味付けに直接文句を言ったりはしません。しかし、自宅に帰ってきてホッとしたせいか、妻に不満を漏らしてしまいました。

こちらは軽い気持ちで言ったつもりでも、妻としては極めて不愉快です。母親のことも、その味で育った自分も侮辱されたと感じてしまうでしょう。

妻が望んでいること

口に合わないのは仕方ないが、それが「母親の味」なので軽々しくケチを付けてほしくない

「田舎には田舎のやり方が あるんだから仕方ないよ」

222

実家に親戚が集まって宴会。ひと段落して寝る前に、あるいは実家から帰るクルマの中で、妻が「どうして私ばっかり働かされるの！　あなたは飲んでるだけなのに」「あのおじさん『嫁なのに酌もできないのか』なんて言うのよ。信じられない」などなど、次々と不満を述べています。

明らかに理不尽な扱われ方であり、妻が怒るのも無理はありません。ただ、自分の両親も含めて、親戚の人たちの旧態依然とした考えが簡単には変わらないことも、わかりすぎるほどわかっています。異を唱えるのは面倒くさいという思いも、正直なところあるでしょう。

そんな状況で、妻をなだめようとして出てきたセリフがこれ。何の慰めにも言い訳にもなっていないし、「田舎」ということで片付けようとしている夫に、妻は深い失望と激しい怒りを覚えるでしょう。

実家ではそういう感覚が「普通」だとしても、素直に染まる必要はありません。妻がないがしろに扱われたことに対しては、ちゃんとおかしいと感じるのが夫の務めです。

- -

妻が望んでいること

まずは「申し訳なかった」と謝る。その上で「もうやらなくていいよ。父さんと母さんには俺が話しておくから」と約束する

223

「じつは今度〜」と話してしまう

　妻の転職だったり妻のきょうだいの結婚だったり、あるいは妊娠だったり、実家の両親に伝える上で、タイミングを考えたほうがいいケースは少なくありません。

　帰省前に、妻から「まだ言わないでね」と口止めされていました。しかし、実家ですっかり気が緩んで……。妻の信頼を一気に失っても仕方ない重大なやらかしです。

- -

妻が望んでいること

いちばんいいタイミングを考えているのに、それを無碍（むげ）にして勝手に暴走しないでほしい

224

「ちょっとあげすぎじゃないかな」

　「〇〇君も、もう高校生だから5000円かな」という妻の提案に対して、あげすぎだと異を唱えました。その反応は夫が思っている以上に、妻を幻滅させます。

　妻としては、金額をケチって後ろ指を指されるのは自分だという思いがあるかも。少しの節約と引き換えに、セコさと無神経さを妻に印象づけてしまいます。

- -

夫株を
上げる
ひと言

「お年玉って、子どもには最大の楽しみだもんね。去年より増えてたら、きっと喜ぶよ」

妻が「お義姉さんに怒られた」
と顛末（てんまつ）を話してくれた

★★★

225 「キミの言い方も
悪かったんじゃないの」

どうやらちょっとしたボタンの掛け違えがあり、自分の実の姉が、妻に電話をかけてきて「どういうことなの⁉」と怒鳴りつけたとか。妻はショックを受け、もちろん姉に激しく腹を立てています。

そういうときに言ってしまいがちなのが、このセリフ。「ケンカ両成敗」ということで妻を納得させたいのか、自分にも責任があると思えば気持ちが楽になると考えているのか、あるいは反射的に口にしてしまうのか……。

いずれにせよ、このセリフで妻のショックや腹立ちが収まることはありません。確実に増幅されるばかりか、わかってくれようとしない夫に対する絶望や怒りが加わって、さらに妻を苦しめてしまいます。

そもそも、その場にいなかったのに、「妻にも落ち度があるに違いない」と考えるのは、妻に対して失礼以外の何ものでもありません。妻にしてみれば、夫が根拠もなく自分の姉の肩を持っているわけで、「もうこの人には何も話したくない」という気持ちになるでしょう。

- -

妻が望んでいること

「それはひどいなあ。腹立つよね」と共感と労わりの姿勢を示す。その上で「姉さんと話して、ちゃんと誤解を解いておくよ」と約束する

妻の実家で話が合わない義両親がいろいろ聞いてくる

226 「はあ」「いや」「べつに」と生返事

多くの場合、義両親と話を弾ませるのは、たしかに簡単ではありません。しかし、向こうだって気を遣って共通の話題を探りつつ、いろいろ聞いてくれています。

こういう反応を繰り返すのは、甘ったれた子どもっぽい態度にほかなりません。打ち解けるのは簡単じゃなくても、どうにか会話を広げようと頑張るのが人の道です。

- -

妻が望んでいること

自分の両親の前で、夫が「大人として恥ずかしくない態度」を取ってくれること

実家に帰省して「おふくろの味」に感動を示しながら

227 「それに引き換え、こいつの料理は」

母親の料理に対して「やっぱりホッとするな」とか「さすが母さんだよ」など、賞賛の言葉を贈るのは大いにけっこうです。妻も微笑ましく思ってくれるでしょう。

しかし、もっとホメようと勢いあまってなのか、妻の料理をサゲるのはとんでもない暴挙。母親だって、そんなことされても困るだけで、ぜんぜん嬉しくありません。

- -

妻を感動させる行動

「こいつが作る料理もなかなかだけど」など、さりげなく妻の料理をホメる

妻が「両親がまた大ゲンカした」
とウンザリしている

228

「お義母さんは、あのお義父さんによく我慢してるね」

　妻の父親が「困った人」であるケースは、よくあります。浮気を繰り返す遊び人だったり、筋金入りのグータラだったり、あるいは、アヤシイ仕事を初めては大損するのを繰り返しているタイプだったり……。

　いわば「部外者」である自分から見ると、義母がなぜそんな困った夫と離婚しないのか、不思議で仕方ないこともあるでしょう。しかし、夫婦のことは当事者にしかわかりません。それに娘にしてみれば、どんなに困った父親でもかけがえのない大切な存在です。

　たとえ義母を思いやる気持ちから出た言葉だったとしても、こういう疑問を口にするのは絶対にタブー。妻は、頭では「たしかにそうよね」と思っても、気持ち的には「大きなお世話よ！」と激しい反発を覚えます。

　相手の親に関する話題は、こっちは悪口のつもりはなくても、そう聞こえてしまいがち。ましてこのケースは、わりとハッキリ悪口である上、義父だけでなく義母への侮辱でもあると受け取られるでしょう。

妻が喜ぶ
リアクション

「夫婦ゲンカは犬も食わないと言うからね」「ケンカするほど仲がいいって言うし」など当たり障りのないことを言いつつ、話をじっくり聞く

嫁姑の折り合いが悪く、妻が母親への不満を述べている

229

「そう言わずに、 うまくやってよ」

　どんなに時代が変わっても、嫁姑が円満な関係を築くのは容易ではありません。もちろん、うまくいっているケースはいくらでもありますが、いったんこじれると対立はどんどん激化してしまいます。

　嫁である妻と姑である母親とは、結婚当初から何かというと衝突しがち。間に立っている自分は、妻からは母親がいかにひどいかを聞かされ、母親からも妻への罵詈雑言をまくしたてられています。

　どっちが悪いとか、どっちがどうすればいいという問題ではないのがつらいところ。今日も妻が母親への不満を述べ始めました。ただ、どんなにウンザリしても、このセリフだけはタブーです。

　一見、妻をなだめているように見えますが、単に責任や面倒くささから逃れようとしているだけ。妻は「まったく頼りにならない夫」「私の気持ちをわかろうとしない夫」だと強く確信します。嫁姑の対立も、より深刻の度合いを増すことはあっても、いい方向には進みません。

- -

妻が望んでいること

何はさておき、妻の話を親身に聞く。その上で、あくまで妻の味方をし、母親に対しては悪者になって、妻と母親が距離を置けるようにする

妻の両親が高齢になった今も
農業を続けていることに

230 「農業なんて
よくできるよね」

　こちらとしては、続けていることを称賛するつもりでした。しかし、妻はそうは受け取らないでしょう。自分の大切な両親を侮辱されたと感じて、たちまち激怒しそうです。

　もちろん、農業に限ったことではありません。商売でも町工場でも飲食店でも同じこと。「よくできるよね」という言葉をウカツに使うと、致命的な誤解を招きます。

- -

夫株を
上げる
ひと言

「お義父さんもお義母さんも、仕事を続けていてすごいよね。尊敬するよ」

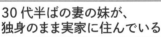

30代半ばの妻の妹が、
独身のまま実家に住んでいる

231 「彼氏とかいないのかな。
大丈夫?」

　絵に描いたような「大きなお世話」です。たとえ悪気はなくても、妻の身内のデリケートな問題に対して、不用意なコメントをするのは厳に慎みましょう。

　夫に心配されなくても、妻や義両親は必要に応じて十分に心配しています。そもそも独身であることを心配するのは、ちょっと時代遅れな感覚かも。

- -

妻が望んで
いること

身内がどういう生き方をしていても、それを尊重し、いいところを見つけてホメる

何気なく押していないかをチェック！

妻のスイッチ【実家編】

「スイッチ」は、いたるところに潜んでいます。身に覚えがないか、胸に手を当てて考えてみましょう。

 232 思春期の頃のノリそのままで
母親に無愛想に接する

 233 思春期の頃のノリそのままで
父親にすぐ突っかかる

 234 妻を残して地元の友だちとの飲み会に
行ってしまう

 235 昔好きだった同級生の写真を
わざわざ妻に見せる

 236 突然「親戚の○○さんの家に行くよ」
と言い出す

 237 当たり前のように妻に指図をして
あれこれ働かせる

 238 妻の失敗談やたまたまの無知っぷりを
話のネタにする

 239 我が子のちょっと気になる個性を
妻のせいにする

 240 身内の"困った人"について
心底軽蔑した口調で語る

 241 両親に関して妻と話した内容を
当人たちに暴露する

159

何気なく押していないかをチェック!

妻のスイッチ【義実家編】

「スイッチ」は、いたるところに潜んでいます。うっかり押していないか、胸に手を当てて考えてみましょう。

 242 妻の両親が何を話しかけても
会話を広げようとしない

 243 妻のきょうだいや甥、姪と
積極的に話そうとしない

 244 妻の両親の前で
妻にいつも通り偉そうな態度を取る

 245 義母のせっかくの手料理に
ほとんど箸を付けない

 246 それでいてウチに帰ってから
カップ麺をすすっている

 247 義父がビールを注いでくれても
注ぎ返そうとしない

 248 泊まった翌日の朝、
もう日は高いのに起きてこない

 249 義実家で自分の身内の自慢話を
延々と語り続ける

 250 勝手にいろんな部屋に入ったり
押入れを開けたりする

 251 帰るときになると
ホッとしたような表情を浮かべる

7章

「冗談のつもり」が
いちばん危ない!

ジェンダー&容姿&
年齢のスイッチ

古い意識を変えないと 人間性まで否定される

～ジェンダー&容姿&年齢～

この方面に関して古い"常識"を引きずったままの夫は、妻にいつ見切りをつけられてもおかしくありません。今すぐ意識を上書きしましょう。

夫（男性）が思っている何倍も、 妻（女性）にとっては重大な問題

　「家事や子育ては女の仕事」「妻は夫に黙って従うべし」といった考え方は、少なくとも一定の年代以下の人たちの中にはもはやありません。容姿や年齢をネタにした冗談も、笑えないどころか、口にしたら人間性を疑われます。

　この10年、いや5年のあいだに、「男だから」「女だから」といったジェンダー（社会的・文化的に作られた性差）関連や、容姿、年齢をめぐる意識は大きく変化しました。

　夫（男性）の側としては、「そこまで過敏にならなくても」「それは言いがかりだよ」と感じる場面もなくはありません。しかし、妻（女性）の側は、積年の恨みや怒りを胸の中に溜め込んでいます。「このぐらい大目に見てよ」が通

用する余地は、どんどん狭まってると認識しましょう。

今までの思い込みや甘えを捨て、
相手への思いやりを持てば大丈夫

　何も難しいことを要求されているわけではありません。ジェンダーに関しては「男はこうあるべき」という思い込みに疑いの目を向け、「男だから許されるはず」という甘えを少しずつ捨てていけば、妻に見直してもらえます。

　容姿や年齢に関しては、「相手が気にしていることは口にしない」という当たり前のことを心がければ大丈夫。きつい冗談を言い合えることが仲の良さの証だと思うのは、ほぼ間違いなく大きな勘違いです。

　窮屈なことばかりではありません。「男だから」と背負わされていた重荷を降ろせるという嬉しい一面もあります。

体調が悪くて仕事を辞め、今は専業主婦をしている妻に

252

「あーあ、俺も主婦になりたいよ」

　仕事が重なって疲れていたとしても、上司に叱責されてむしゃくしゃしていたとしても、後輩が先に出世していったとしても、このセリフは絶対に言ってはいけません。

　ましてや、体調の都合で仕事を辞めざるをえなかった妻の前で言うのは、あまりにも残酷。労わるどころか、暗に「体調が悪いおかげで、仕事から逃れられてラッキーだね」と言っているように聞こえるでしょう。

　望んで専業主婦をやっている場合でも、妻は激しく傷つきます。主婦をしている妻に対する「ラクしやがって」という偏見と誤解に満ちている上、日頃の妻の働きや貢献に対する感謝の気持ちが、まったく感じられません。

　しかも、妻が「じゃあ、交代しよう」と言えないのを見越した上で口にしているのも、かなり残念です。

　その場で何も言い返されなかったからと言って、「ざまあみろ」と勝った気になっている場合ではありません。妻の心の中には、「この人とはわかり合えない」という確信と、「いつか別れてやる」という決意が芽生えています。

- -

妻が望んでいること

家を守っている主婦のたいへんさを理解し、妻のおかげで自分が働けているということに気付く。時々は感謝の言葉をかけてほしい

家族で買い物。幼い娘が「これがいい」
と選んだ服を見て

253

「女の子なのに、
この色はヘンだよ」

服の好みにせよ将来の夢にせよ、「女の子だから」「男の子だから」という理由でダメ出しをするのは、激しく時代錯誤です。聞いている妻は、自覚なく我が子の可能性を狭める夫の意識の低さに、心の底から落胆するでしょう。

「女の子らしさ」や「男の子らしさ」を押しつけようとするのは、子どもにも夫婦円満にも悪い影響しかありません。

- -

夫株を
上げる
ひと言
「いいセンスしてるね。いいんじゃないの」と
娘のチョイスを尊重する

幼い息子が友だちとケンカしたと
しょんぼりしている

254

「男の子なんだから、
もっと元気出せよ」

これも「女の子なのに」と同じ問題をはらんだ言い方です。夫としては息子を励ましたかっただけでも、横で聞いている妻は、強い引っ掛かりを感じた可能性が大。

元気を出したほうがいいのは、男の子でも女の子でも同じです。こういう言い方で、息子に余計なプレッシャーや誤った特権意識を植え付ける必要はありません。

- -

妻が望んで
いること
安易で無責任な励まし方をせず、「どうしたの？」と同じ目線の高さでじっくり話を聞く

落ち込んでいたら妻に
「どうしたの?」と聞かれた

255

「女には
わからないよ」

人生は山あり谷あり。仕事で失敗したのか、財布を落としたのか、ひそかにファンだったアイドル歌手の結婚が発表されたのか、落ち込む理由はさまざまです。

自分ではそんなつもりはなかったのに、よっぽど沈んだ顔をしていたのでしょう。心配した妻が「どうしたの?」と声をかけてくれました。

妻のやさしさは心の中で手を合わせたいぐらいありがたいのですが、聞かれたからと言って「こういうことがあって」と話すのもはばかられます。心配はかけたくないという思いで、こう言ってしまいました。

しかし、夫のこうした気遣いは、妻には通じないでしょう。それどころか、妻の激しい怒りを買うのは必至。これが「言ってもしょうがないから」なら、妻は不機嫌にはなっても激しく怒るまでには至りません。

この言葉には、何の自覚もなく女性を見下していたり、男性であるというだけで自分を過大評価していたりなど、妻を幻滅させる要素が凝縮されています。

妻が望んで
いること

心配して「どうしたの?」と聞かれたら、たとえ具体的なことは話さないにしても、「心配してくれてありがとう」とお礼を言う

妻の何気ないひと言に
カチンと来て言い返したあとで

256 「男はデリケートなんだよ」

自分のことを「デリケート」と言っている時点で、けっこう大ざっぱなタイプだと推察されます。それはさておき、実際にデリケートだとしても、原因は「男」だからではなく、たまたまそういう性格だから。

「男は〜」と言いたがるのは、無意識のうちに自分の発言にゲタを履かせようといういじましい魂胆の表れです。

妻が望んでいること

「男は〜だから」「女って〜だよね」など、性別で一括りにして何かを語る安直さに気付く

夫婦で買い物をしていたら
同僚にバッタリ会った

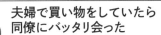

257 「これ、愚妻です」
と紹介する

日本語特有のへりくだった言い方だということは、妻だって百も承知です。ただ、いくら慣用句でも「愚かな妻」と言われたら、けっして嬉しくはないはず。

「気にするほうがおかしい」という考え方もあります。気にしない妻もいるでしょう。しかし、妻が嫌な気持ちになる可能性があるなら、わざわざ使う必要はありません。

妻を感動させる行動

臆面もなく「こちらは世界一の賢妻です」と、思いっ切り持ち上げて紹介する

お互いに正社員として働いているが
給与の額に差がある

258

💥💥💥

妻より年収が低いことを
やたらに気にする

　業種や会社の規模が違えば、給与の額も違います。夫より妻のほうが年収が高いケースも、ぜんぜん珍しくありません。お互いがお互いを尊重し、それぞれが自分の仕事に誇りを持っていれば、何の問題もない話です。

　しかし、とくに男性に多く見られますが、「収入＝自分の価値」と思いたがる人が少なくありません。「男性はたくさん稼いで一家を支えてこそ一人前」という呪縛に絡めとられているのでしょう。

　そういう夫にとって、妻より年収が低いことは、屈辱的で耐え難い「引け目」になってしまいます。その「引け目」が、自分を奮い立たせる原動力になるならまだマシ。しかし、妻へのコンプレックスをこじらせて、攻撃的になったりいじけたりするケースもあります。

　妻が事あるごとに「私より稼ぎが少ないくせに」と言っているなら、どっちもどっち。そうじゃなければ、勝手に気にしてウジウジしている夫は、妻にとって極めて面倒くさくて、うっとうしい存在でしかありません。

- -

妻が望んでいること

年収ごときにプライドの拠りどころを置かない。どちらが稼いでいるかではなく、ふたりで力を合わせて、協力しながら家庭を築いていく

何度か妻と行った飲食店の
店主について話していて

259

「あの人、
オカマっぽいよね」

「彼女、ちょっとレズっぽいよね」「彼はきっとゲイだと思うな」なども同様。そんなつもりはなくても、ＬＧＢＴの人たちへの差別意識にあふれた発言に聞こえます。

夫婦の間の会話で、そこまで気にする必要はないという考え方もあるでしょう。しかし、妻に「他人への配慮ができない人」と感じさせる可能性は大いにあります。

- -

他人にレッテルを貼ろうとせず、その人はその人として誰とでもフラットに付き合う

クルマを運転中に交差点で
ヒヤッとする場面があった

260

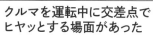
「ったく、これだから
女の運転は」

ヒヤッとしたのは、相手のクルマの不注意が原因だったかもしれません。しかし、もし男性ドライバーだったら「だから男の運転は」とは言わないはず。高齢ドライバーだったら「だから年寄りの運転は」と言いそうです。

こんな言葉が出てくるのは、常に見下せそうな相手を探しているから。聞いている妻は、さぞ不愉快でしょう。

- -

「女の運転」で片付けずに、どういう理由でヒヤッとしたのかを冷静に説明してくれる

子どものお弁当作りがたいへんだと
妻が愚痴をこぼした

「母親なんだから、頑張らないと」

261

母親だろうが何だろうが、たいへんなものはたいへんです。妻が自分で自分に「母親なんだから、頑張らなきゃ」と、気合いを入れることはあるでしょう。その場合の「母親なんだから」は、大きな力を与えてくれます。

しかし、夫が口にする「母親なんだから」は、たとえ励ますつもりで言ったとしても、妻を怒らせ、絶望させる効果しかありません。とくに、自分は何も手助けしていないことに対して、「母親だからやって当然」という言い方をするのは、あまりにも大胆不敵です。

子どものお弁当作りで言えば、たとえば妻が毎日、味も見た目も素晴らしいお弁当を作っているとします。それは、妻が頑張って研究を重ねて、時間と手間をかけているから。「母親だから」というだけで、自動的に素晴らしいお弁当が作れるわけではありません。

自分が「父親だから当然」という言い方で責められたりホメられたりする状況を想像すれば、この言い方の無神経さに気付くことができるでしょう。

- -

妻が望んでいること

「母親だから」ではなく、ひとりの人間としてつらさに寄り添ってほしい。ホメるときも、ひとりの人間として評価してほしい

妻の身内が難産の末に
無事出産したという話をしながら

262 「女性は男性より
痛みに強いんだよね」

　たまに聞く説ですが、そもそも比べようがありません。間違いなく言えるのは、女性だって痛いものは痛いということ。とくに出産の痛みは半端ではないとか。

　この流れでこう言うと、「だからきっと平気だったんじゃないかな」という意味になります。女性に対する敬意や感謝がない夫に、妻は深い怒りを覚えるでしょう。

- -

夫株を
上げる
ひと言

「キミも○○を産んだときは、たいへんだったよね。お疲れさま」と、あらためてねぎらう

お酒を飲んでいて、
妻の顔を覗き込みながらしみじみと

263 「おばさんになっちゃったね」

　夫としては、ともに歩んできた長い時間を愛おしもうという意図でした。心の中で「人のことは言えないけど」「俺もおじさんだけど」という前置きをつけてもいます。

　仮にそうした前置きを口に出して言ったとしても、妻は冷静に受け止めてはくれないでしょう。ヘタに遠回しな愛情表現には、大きなリスクがあります。

- -

妻が望んで
いること

「いつまでもきれいだね」なんてことを言う必要はないが、年齢や加齢をいじられたくはない

実は妻がやめてほしいと思っている

【言い訳のスイッチ】

人は窮地に立ったときにこそ、本性や器の大きさが露呈するもの。ダメな言い訳は、夫の株を激しく暴落させます。

264 「だってしょうがないだろ」

妻から度々注意されているのに、また同じことをやらかして呆れられたときに。説明になっていません。

265 「そんなの聞いてないよ」

Aを頼まれたらBも同時に片付けるのが当然という状況で、言われたことしかやらなかったときに。

266 「ただの人数合わせだよ」

合コン的な飲み会に参加したことがバレたときに。ひそかにウキウキしていたことを妻はお見通しです。

267 「つい忘れちゃうんだよね」

妻からの頼まれごとを忘れたときに。「たいした用事だと思っていない」と言っているも同然です。

268 「そんなこと気にする人いないよ」

無神経な行動や発言を妻に注意されたときに。少なくとも妻は夫のそういうところを気にしています。

269 「電車が遅れちゃってさ」

約束の時間などに遅れたときに。「だから自分のせいじゃない」という態度は火に油を注ぎます。

270 「そんなつもりじゃなかったのに」

不用意なひと言で妻を怒らせたときに。こう言いつつも、たいていは「そんなつもり」だったはず。

271 「そんな言い方されたらヤル気出ないよ」

少し面倒な用事を頼まれたときに。相手のせいにして怠けようというズルい了見が見え見えです。

272 「もうオジサンだからいいんだよ」

髪型や服装について、妻から改善の要望があったときに。言ってもらえるうちが華だと心得ましょう。

273 「普通はこっちと思うんじゃないの」

妻から買い物を頼まれて、指定とは違う商品を買ってきて「これじゃない」と言われたときに。

子どもがテレビのアイドルを
「カワイイ」と言っている

274

「ママも昔は
かわいかったんだよ」

　家族でテレビを見ているときに、我が子がテレビに出ているアイドルを見て「かわいいよね」と言ったとします。それを受けて、夫がこう発しました。ほんの軽い冗談であり、何ならホメたつもりだったりします。

　ただ、妻にしてみれば「今はかわいくない」と言われていると取れなくもありません。笑い飛ばせば済む話ではありますが、たまたま虫の居所が悪いタイミングに当たると、怒りのスイッチが入ってしまいます。

　悪意なく口にした言葉で妻を不快にさせる事態は、なるべく避けたいところ。そのためには、言葉を惜しまず思っていることを全部伝えることが大切です。

　こういうことをサラッと口に出せる夫は、きっと「今もかわいいけど」ぐらいのことは思っているはず。しかし、気持ちは口に出さなければ伝わりません。

　大げさでもいいので、「今のほうがかわいいけどね」「いつまでもきれいだけどね」ぐらいのことを言えると、夫婦仲は良好に保たれるでしょう。

- -

妻が喜ぶ
リアクション

「ママがこの子ぐらいのときは、こんなもんじゃなくてもっとかわいかったよ」と言い切る。客観的な事実は、この際どうでもいい

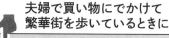

夫婦で買い物にでかけて
繁華街を歩いているときに

きれいな女性が
通るたびに振り返る

　自分では意識していないかもしれません。巨乳の女性が通るたびに目で追ったり、露出度が高い服を着ている女性に目が釘付けになったりというパターンもあります。

　妻としては、嫉妬心というより「自分には関心を示さないのに……」と悲しい気持ちになってしまうかも。「比べているわけじゃない」という言い訳は通用しません。

「その服、いいね」「新しい髪型、似合ってるよ」など、妻に無関心でないことを言葉で示す

キッチンで洗い物をしている
妻の後ろ姿を見てポツリと

「ちょっと太ったんじゃない」

　もちろん、責めるつもりではありません。ふと後ろ姿を見て、思ったことを口にしてしまいました。

　実際にちょっと太っているとしたら、言われなくても本人がいちばんわかっています。そうじゃないとしたら、とんだ言いがかり。いずれにせよ、「心配してくれてありがとう」と感謝されることは、絶対にありません。

年齢とともに徐々にふくよかになるのは仕方ない。そこは気付かないフリをしていてほしい

277 「ハハハ、いい歳して 何が『推し』だよ」

テレビの前での他愛ない会話のはずが、一気に険悪な雰囲気になってしまいました。「いい歳して」は、夫が妻に絶対に言ってはいけない言葉のひとつ（夫も妻から言われたくない言葉のひとつでもあります）。

具体的に何歳以上が「いい歳」なのか、はっきりした定義はありません。それだけにこの言葉は、発する側が相手をどう見ているかを表してしまいます。

夫が妻に対して発する「いい歳して」は、「自分はもうあなたに若さを感じない」という意味。本人だって自分が「それなりにいい歳」であるのは、重々承知の上です。しかし、わざわざ夫に「あなたはもう立派な中年だ」と認定されたくはありません。「年甲斐もなく」も同様です。

かといって、妻は（多くの場合は）決して若さの尻尾にしがみつきたいわけではないはず。年齢を重ねたなりのメリットや楽しさも感じているでしょう。それだけになおさら「いい歳して」という言葉に対して、今の年齢の自分を全否定している響きを読み取ってしまいます。

- -

妻が望んでいること

年齢に関係なく「へえー、そうなんだ」とフラットに反応する。「いくつになっても好奇心旺盛だね」と感心するのは、それはそれで微妙

洋服を選びながら「どっちが似合う?」
と妻に聞かれて

278

「どんな服を着ても 変わらないよ」

　妻の買い物に付き合ったのはいいけど、どの服を買うかなかなか決まらなくて、イライラした気持ちになってしまうことは、よくあります。正直、こっちの目から見ると、妻が真剣に見比べている右手に持った服と左手に持った服は、どこがどう違うのかがわかりません。

　そんな流れの中で、「どっちが似合う?」と聞かれて、ぶっきら棒な口調でこう答えてしまいました。妻としては、夫に意見を言ってもらって、それに対して「えー、そうかなあ」なんて言い合う楽しい光景も想像していたでしょう。それもまた、買い物の楽しみです。

　しかし、そんな夢は瞬時に打ち砕かれました。妻の悲しみと絶望はいかばかりか。「キミのことなんて、まったく興味がない」と言われたようにも聞こえます。

　万が一「キミは何を着ても素敵だから、そんなに悩む必要はないよ」というニュアンスを込めていたとしても、妻がそう受け止めることを期待するのは無理すぎる相談。それならそれで、言葉にしないと伝わりません。

- -

夫株を
上げる
ひと言

「左のほうが落ち着いた感じだけど、右のほうがキミには似合うかな。右がいいんじゃない」と、両方の感想を述べつつどちらかを勧める

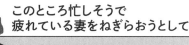

このところ忙しそうで
疲れている妻をねぎらおうとして

279 「なんか疲れた顔してるね」

「忙しそうだね、大丈夫？」なら、何の問題もありません。しかし、「疲れた顔」だと指摘するのは危険。こっちはそんな気は毛頭なくても、「みっともない容姿をしている」という意味になってしまいます。

家に帰ってきたタイミングならまだしも、出勤前にこう言ったら、妻は激しく落ち込んでしまうでしょう。

- -

妻が望んでいること　口先でねぎらうだけでなく、妻の負担を軽くするための具体的な行動を起こす

ソファーに並んでテレビを見ていたら
妻が体を寄せてきた

280 「今さら
そんな気になれないよ」

夫婦のこれから先の運命が、大きく変わってしまいかねないひと言です。「キミにはもう性的な魅力は感じない」と言っているも同然で、妻は激しく傷つくでしょう。

たまたま気分が乗らなかっただけなのに、ただのテレ隠しでこう言ってしまったとしたら、二度と取り返しがつかない大失敗をしでかしたことになります。

- -

妻が望んでいること　妻が少しでも積極的な姿勢を見せてくれたときは、何はさておき喜んで対応させてもらう

冠婚葬祭などで一緒にでかけたときに
横顔を見ながら

281

「もっとちゃんと
　　お化粧すればいいのに」

　夫としては「もっとちゃんとお化粧すれば、もっときれい
なのに（キミもまだまだイケてるのに）」という意味を込め
たつもりでした。そうだったとしても、今日の妻の容姿に
「もうちょっと何とかならなかったの」とダメ出ししている
ことには変わりありません。

　妻としては、さぞ腹立たしいでしょう。しかも「いや、全
力でお化粧したつもりなんですけど」ということなら、さ
らに怒りは深まります。「たしかに、今日は時間がなくて手
抜きだったけど」という自覚があるとしても、決して免罪
される発言ではありません。

　いろいろ思うことがあったにせよ、夫が妻の容姿につい
てコメントするのは、百害あって一利なし。そもそも大前
提として、持ち前の容姿の限界があることと、年齢ととも
に相応の容姿になるのはお互いさまです。

　自分だってあれこれ言われたくないし、あれこれ言われ
てもどうしようもありません。「今の妻」のありままを受
け入れて深い愛を捧げるのが、夫としての務めです。

妻が望んで
いること

お化粧にせよ洋服にせよ顔のシワにせよ、余計
なことは言わない。たとえ冗談半分でも不愉快
である。ホメる分にはどんどん言っていい

幼い娘がかわいくて仕方がない。
寝顔を見ながら妻に

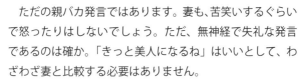

282 「きっとママより
　　美人になるね」

　ただの親バカ発言ではあります。妻も、苦笑いするぐらい
で怒ったりはしないでしょう。ただ、無神経で失礼な発言
であるのは確か。「きっと美人になるね」はいいとして、わ
ざわざ妻と比較する必要はありません。

　子どもかわいさのあまり妻への気遣いを忘れると、もっ
と重大な場面で大きな失敗をしてしまいそうです。

- -

夫株を
上げる
ひと言
「ママに似て、この子もきっと美人（素敵な女
性、みんなに好かれる女性 etc）になるよ」

同年代の親戚や知人の女性について
噂話をしていて

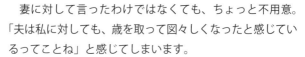

283 「女も歳を取ると
　　図々しくなるよね」

　妻に対して言ったわけではなくても、ちょっと不用意。
「夫は私に対しても、歳を取って図々しくなったと感じてい
るってことね」と感じてしまいます。

　しかも、歳を取って特徴が変わっていくのは、女も男も
同じ。ジェンダー意識の欠如という点でも、妻に幻滅や不
信感を覚えさせるセリフです。

- -

妻が望んで
いること
女だからとか男だからとか歳を取ったからと
かで話をまとめず、個人の問題として話す

8章

何気ない言動からでも
深い溝が生まれる

仕事&生き方
のスイッチ

ふと口にしたひと言が 深刻なガッカリを招く
～仕事＆生き方～

仕事に対する考え方にせよ、日頃の言動にせよ、ちょっとしたひと言に「本性」が表れてしまいます。誤解を招かないように気を付けましょう。

それが根っからの「本性」なら、うわべを取り繕ってもやがてバレる

　自分の仕事について、あるいは妻や周囲の人の仕事について、どんな考え方を持っているかは、その人の「本性」と深く関係しています。日頃の何気ない言動に、生き方の根っこの部分が表れてしまうことも少なくありません。

　ふと漏らしたひと言が、ひとつ間違えると「そういう人だったのね……」という根深いガッカリにつながります。とはいえ、人間の「本性」は簡単には変えられません。うわべを取り繕っても、遅かれ早かれバレてしまうでしょう。

　ただ、うっかりや勘違いから生じたひと言が、妻のスイッチを押す原因になってしまうこともしばしば。これまでの人生において、「そういう言い方はよくない」と学ぶ機会

がなかったパターンもあるかもしれません。

誤解を元に怒らせてしまう事態は
努力次第で防ぐことができる

　誤解を元に妻を怒らせてしまうのは、あまりにも残念です。仕事は自分にとって大切なものですが、それは妻やほかの人にとっても同じだと気付くことで、仕事周辺に潜むスイッチを押すことはかなり避けることができるでしょう。

　愚痴や悪口も、言っている側が気持ちいい分、聞かされている側に不愉快を押しつけていることに気付けば、口に出す前にブレーキがかかるはず。

　気付きづらいスイッチほど、破壊力が大きい傾向があります。この章でご紹介したのは、あくまで「ほんの一例」。まずは気配に敏感になることが最初の一歩です。

疲れた様子を見た妻が「たまには休めば」と言ってくれた ✹✹✹

「キミみたいに気楽な仕事じゃないんだよ」

忙しい毎日で気持ちが張り詰めていて、体力的にもいっぱいいっぱいで、相手を思いやる余裕をなくしていたのでしょう。せっかく心配してくれた妻に、とんでもないことを言ってしまいました。

仮に、妻の仕事が気楽そうに見えたとしても、本当の意味で気楽な仕事なんてありません。そう見えたとしたら、苦しい部分を表に出さずに穏やかさを保っている妻が、ひじょうに素晴らしいということです。

自分が限界を超えるほどたいへんな状況だったとしても、このセリフを言っていいことにはなりません。働いている妻を平気で侮辱する傲慢さや、妻の仕事に対する理解や敬意のなさを示すことにもなります。妻としては腹が立つと同時に、そんな夫に激しく幻滅するでしょう。

さらに、妻を見下すことでプライドを保とうとしている側面や、自分のキャパシティと上手に付き合えていない気配も露呈してしまいます。口にした瞬間、夫への愛情も人としての信用も、瞬時に消滅しかねません。

- -

夫株を上げるひと言

「心配してくれてありがとう。そうだよね。でも、なかなかそうもいかなくて。キミは大丈夫？お互い、無理しすぎないようにしようね」

妻にひと言の相談もなく、
ある日のでがけにポツリと

285 「来月から別の会社に 行くことになったから」

　自分の中で結論は決まっていたかもしれません。もし反対されたら面倒という思いもあったでしょう。しかし、大事な問題をひと言も相談されなかった妻は、「私って何なの？」と自分の存在意義に疑問を抱いてしまいます。

　ひとりで決断したからといってカッコいいわけではないし、こういうことでサプライズは必要ありません。

- -

 妻が望んでいること　夫の大きな決断を納得して受け入れるためにも、こちらの考えや気持ちを伝えたい

妻に「もう少し子育てに協力してほしい」
と言われた

286 「今の生活ができているのは、誰のおかげだと思う？」

　昭和の頃は「誰に食わせてもらってるんだ！」というセリフが、夫から専業主婦の妻に発せられていました。このセリフも似た意味ですが、共働きの場合も発せられます。

　いずれも、夫が言い返せない状況になったときに使われがち。妻よりも多く稼いでいることをタテに、妻の苦労を理解しようとしない姿勢は、非常に危険です。

- -

 妻が望んでいること　仕事も大事だけど、夫婦にとっての「より良い形」を作るために、真剣に向き合ってほしい

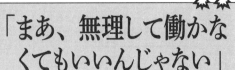

昇進した妻が「やることが
増えちゃって」とこぼした

「まあ、無理して働かな
くてもいいんじゃない」

　家事や子育てはそれなりに分担していますが、このとこ
ろ仕事が忙しそうな妻は、担当分が少しだけおろそかにな
ってはいます。責めたわけではないのに、本人は申し訳な
さを感じているのか、ポロっと愚痴をこぼしました。

　ねぎらうつもりだったとしても、悪気はこれっぽっちも
なかったとしても、こう言われたら妻はショックを受けて
しまうでしょう。

　一生懸命に取り組んでいる仕事に対して、そして昇進と
いう形で努力が認められたことに対して、妻は誇りとやり
がいを感じています。しかし、夫があっさりこう言ったら、
妻は「この人は、私の仕事は無理に続けるほどのことじゃ
ない、いつ辞めてもいい程度の気持ちで働いているって認
識なのね」とガッカリせずにはいられません。

　昇進云々とは関係なく、どういう仕事をしていたとして
も同じ。仕事のやりがいはさておき、「収入を得ること」が
おもな目的で働いていたとしても、その収入が家計におい
て大きな役割を果たしている自負はあるはずです。

夫株を
上げる
ひと言

「さすがママだね。それだけ会社やまわりに頼
りにされてるってことだよ。俺もなるべく協力
するから、できることがあったら言ってね」

イトコが会社を辞めてしばらく
無職らしいという話の中で

288

無職やフリーターの親戚をバカにする

心配な状況ではあります。それはそれとして、ついつい「あいつは子どもの頃から、何をやっても長続きしなかった」など、批判的な言葉を並べてしまいました。

きちんと会社勤めを続けている自分に誇りを持つのは、ぜんぜんかまいません。しかし、そうじゃない状況にある人をバカにするのは、自分の値打ちを下げる行為です。

- -

夫株を上げるひと言　「子どもの頃から、すごくやさしいヤツだったんだよね」など長所に言及する

帰宅した途端、子育て中の妻が
矢継ぎ早に話しかけてきた

289

「こっちは一日働いて疲れてるんだ」

妻も話したいことがいっぱいあって、こちらの帰りを待ちわびていたのでしょう。「ちょっと待って」と制するのはいいとして、これは言っちゃいけません。

家にいた妻だって、やることはいっぱいあったはず。自分だけ疲れているような言い方は、妻のたいへんさをまったく理解していないことを示してしまいます。

- -

夫株を上げるひと言　「きちんと聞きたいから、先に着替えてくるよ」と、趣旨を告げつついったん制する

年下の上司に対して不満があり、
妻に愚痴をこぼした

290

「年下のくせに
威張りやがって」

　上司が年下というのは、よくある話です。そのこと自体を重く受け止める必要はありません。しかし、自分自身が「俺のほうが年上なのに」「あいつ年下のくせに」ということにこだわってしまうと、いい関係は築けないし、日々の仕事がつらくなってしまいます。

　妻から見ても、仕事の内容や指導方法への批判ならともかく、年齢が上とか下とかにこだわって愚痴を言っている夫の姿は、かなり情けなく映るはず。「この人は、年齢が上ということしか相手に勝てるポイントがないんだな」とも感じてしまうでしょう。

　女性の上司に対して、「女のくせに」と不満を抱く男性もちらほらいます。それもまったく同じ構図。そんな愚痴を聞かされたら、妻は「男性であるということしか相手に勝てる（と思える）ポイントがないんだな」と感じて、深く幻滅するに違いありません。

　相手が上司じゃなくても「年下のくせに」「女のくせに」は、即座に「残念な人」と認定されてしまう言葉です。

- -

妻が望んでいること

上司がそのポジションを任せられているだけの能力があるという事実を認めて、学べべきことは学ぶという姿勢を持つ

真面目に仕事して家庭も
大事にしてくれてはいるけど

291

仕事に対する
「夢」がまったくない

　「真面目に仕事して家庭も大事にしているなら、それでいいじゃないか。贅沢なこと言わないでくれ！」と反発したい人もいるでしょう。たしかに、その前提を満たしていない夫は山ほどいるし、ないものねだりをし始めたらキリがないかもしれません。

　しかし、まだまだ若いのに「仕事でこんなことがしたい」「先々、こういうことを成し遂げたい」といった「夢」がまったくない夫を見て、物足りなさを感じる妻はいるはず。長い目で見れば、危険なスイッチになりかねません。

　しかも、そういう話はしたことないのに、社内での立場を守ることには熱心だったり、せっせと退職金や年金の計算をしていたりする姿を見て、夫から気持ちが離れていく妻は決して少なくないでしょう。

　たしかに、仕事ばかりが人生ではないし、仕事で人間の値打ちははかれません。趣味や仕事以外の活動に生きる道もあります。心がけでどうなるものでもありませんが、こういうリスクもいちおう認識しておきましょう。

- -

妻が望んでいること

仕事に夢を持って生きようが趣味に生きがいを感じようがかまわないが、一緒にいて心地よく、できれば「面白みがある人」でいてほしい

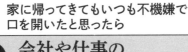
家に帰ってきてもいつも不機嫌で
口を開いたと思ったら

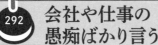
292 会社や仕事の
愚痴ばかり言う

同僚との会話だと、会社や仕事の愚痴は「無難で手堅い話題」のように思えてしまいます。上司や同僚の悪口もしかり。しかし、それは大きな勘違いです。

限られたビジネス社会の外側にいる人にしてみれば、狭い世界の価値観の中で、自分では何も解決する気がない人同士が傷をなめ合っているようにしか聞こえません。

妻が望んでいること

たまに愚痴をこぼすのは仕方ないが、なるべくそれ以外の話題で夫婦の会話を楽しみたい

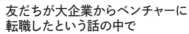
友だちが大企業からベンチャーに
転職したという話の中で

293 馴染みがない
新しい業種をバカにする

自分自身は誰もが名前や業種がわかる会社に勤めている——。そういう属性の人の中には、新しい業種やベンチャーに冷たい目を向けたがる人が一定数います。

しかし、20年後30年後には、立場が逆転している可能性は大。何気ない軽口の向こうに、小さなプライドにしがみついているみっともなさが見え隠れしてしまいます。

夫株を
上げる
ひと言

「あいつは勇気あるよ。俺にはできないな」などと友だちの決断をきっちり評価する

294

「それって 意味あるの?」

妻がキッチンを片付けていて、今まで低い場所にしまってあったカセットコンロを取り出し、「これ、上に入れてくれる?」と高い場所の収納棚を指差しています。

素朴な疑問として、しまう場所を変える理由が知りたくて、こう尋ねました。もちろん悪気はないし、やりたくないわけでもありません。

自覚はありませんが、妻から何か頼まれると、ほぼ毎回、このセリフを口にしているようです。時には、家事に限らず何かに一生懸命取り組んでいる妻に向かって、こう尋ねることもあります。

言われた妻は、さぞムカついていることでしょう。妻としては「意味がある」と思ったから、頼んだり取り組んだりしているわけです。夫がいちいち「意味あるの?」と尋ねたら、自分の存在を否定されているように感じるかも。

百万歩譲って、客観的に見たらあまり意味がなかったとしても、「妻がしてほしいと頼んでいる」「妻が一生懸命に取り組んでいる」という極めて大きな意味があります。

- -

妻が望んでいること

つべこべ言わず、こっちが頼んだことを素直にやってほしい。いちいちそう聞かれると、要するに手伝う気はないんだなと感じてしまう

一緒にクルマに乗っていて
口を開いたと思ったら

295

高級車とすれ違うと必ずイヤミを言う

「あんなチャラいおねえちゃんに運転されて○○がかわいそうだ」「よっぽど悪いことしないと、あのクルマには乗れないよ」などなど。高級車への憧れや乗っている人への妬み嫉みが根底にあるのは、想像に難くありません。

たとえそう思っても、口に出すのは控えましょう。聞いている妻は、「ちっちゃい男だな」と感じてしまいます。

- -

妻が望んでいること

クルマに限らず、無意味な対抗意識を燃やしたり勝手に引け目を感じたりしない

妻は料理好きで、いつも手の込んだ
料理を作ってくれる

296

妻の料理をいちいち論評する

妻の料理に何もコメントしないのも、それはそれで問題ではあります。しかし、毎回「隠し味は○○だね」「もう少し甘めが好みかな」などと細かく論評されたら、妻はウンザリしてしまうでしょう。

食事で何より大切なのは、楽しく食べること。「料理の腕をさらに鍛えてあげたい」なんて思う必要はありません。

- -

妻が望んでいること

「おいしいね」「いつもありがとう」など賞賛と感謝の言葉は、遠慮せずたくさん発してほしい

297 とにかく「コスパ」を最重要視する

コスト意識を持つことは、もちろん大切です。無駄な出費は、できるだけ抑えたほうがいいでしょう。

しかし、すべてにおいて「コスパの良さ」を最重要視するのは、けっこう危険。いや、何を大切にするかは個人の自由ですけど、夫がふた言目には「コスパが」と言っていたら、妻の中で夫へのイライラが積み重なっていくでしょう。

たとえば、とってもお世話になった人にどんなお礼をするかという話をしていて、妻が「○円ぐらいの商品券はどう？」と提案しました。それに対して「いちおうお礼さえしておけば問題ないから、そこまで出すのはコスパがよくないよ」と返したとします。

そこで妻が「堅実な判断ができて素敵」と感心する可能性は、まずありません。費用対効果しか考えていない計算高さや、気持ちを込めたお礼を安く済ませようとするケチくささを感じて、ゲンナリした気持ちになるでしょう。

目先のコスパにこだわって、妻の愛情や信頼を失ってしまうのは、最大級にコスパが合わない話です。

妻を感動
させる行動

物産展の終了間際に果物を勧められたら「おいしそうですね」と多めに買う。あとで妻に「残ったら気の毒だもんね」とささやく

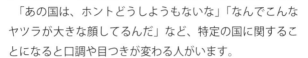

298

特定の国のことを
悪しざまに言う

「あの国は、ホントどうしようもないな」「なんでこんな
ヤツラが大きな顔してるんだ」など、特定の国に関するこ
とになると口調や目つきが変わる人がいます。

　もし夫がそういう人になったら、妻は深く絶望せざるを
えません。自分ではその恥ずかしさに気付いていないとこ
ろにも、情けなさと嫌悪感を抱いてしまうでしょう。

- -

妻が望んで
いること

愚かな行為で小さなプライドを満たしてないで、そのみっともなさに早く気付いてほしい

299

「知らない」
「わからない」と言えない

　知らないことは「知らない」、わからないことは「わから
ない」と言えたほうが、人生をラクに生きていけます。しか
し、それらの言葉を言えない人は少なくありません。

　言ったら自分の値打ちが下がると思っているのでしょう
か。しかし、半端にごまかしたり知ったかぶりをしたりして
いるほうが、よっぽど値打ちが下がります。

- -

夫株を
上げる
ひと言

「へー、そんなすごい人がいるんだ。知らなか
ったな」「えっ、わからない。教えて」など

でかけるときに妻が準備に
手間取って電車に乗り遅れた

300 「なんでもっと早くから 準備しておかないの?」

　夫から妻というケースばかりではありませんが、相手を
責めるときには、「なんで〜なの?」「どうして〜しちゃう
の?」という構文がよく使われます。

　忘れ物をしてきた人に「なんで忘れてきたの?」と聞い
ても、忘れたから忘れたとしか言えません。失言した人に
「どうしてそんなこと言っちゃったの?」と聞いて、理由を
説明できるぐらいなら失言なんてしないでしょう。

　言っている側は無意識ですが、この言い方には、相手が
答えられないのを承知の上で、自分のイライラを一方的に
ぶつけられるという"効能"があります。相手は「ごめんな
さい」と謝るか、黙り込むかのどちらかしかありません。

　謝るにせよ黙り込むにせよ、相手の心の中には悔しさや
屈辱感が広がるばかり。反省や失敗の改善につながる可能
性は、ほぼゼロです。

　こう言ったあとで、もし相手に「なんでそんな言い方で
怒るの?」と返されたら、黙り込むしかありません。口癖
になっている人は、くれぐれも気を付けましょう。

- -

夫株を
上げる
ひと言
「ごめんごめん。俺が全部任せちゃったからた
いへんだったよね。次からは、お互いにもう少
し計画的に準備を進められるように頑張ろう」

💥💥💥

301

「キミにも落ち度が あったんじゃないの」

人間関係のトラブルには「お互いさま」の部分があるので、もしかしたら妻にも落ち度があったのかもしれません。しかし、妻は今、同僚の発言に激しく腹を立てています。自分の胸に手を当てて、「たしかにそうかも」と"落ち度"に気付くことは絶対にないでしょう。

第三者としては、とくに目の前の人が明らかに腹を立てていると、「相手は相手で言い分があるんじゃないかな」なんてことを考えてしまいがち。いろんな視点で物事を見ようとするのは、悪いことではありません。しかし、この場面ではもっと大切なことがあります。

それは、怒っている妻をやさしくなだめること。そして夫としての包容力を見せること。その重大なミッションに比べたら、トラブルの背景や妻の側の反省点を明らかにするなんてことは、二の次三の次です。

そもそも、そこは本人の問題なので、夫としては永遠に手を付ける必要はありません。「有益なアドバイスをしたい」という邪念に惑わされないようにしましょう。

- -

妻が望んでいること

ひと通りじっくり話を聞いて、「そうなんだ。それはたいへんだったね」と寄り添う。一緒になって相手の悪口を言う必要はない

妻が「英会話を勉強しようと思うの」
と教材を買ってきた

302

「どうせ長続きしないくせに」

　妻はこれまでにも、新しいことを始めたけどすぐやめて
しまった実績があります。ちょっとからかうつもりで、こ
う言いました。しかし、（現時点では）希望とやる気に満ち
ているだけに、極めて不本意な言葉です。

　結果的に長続きしなかったとしても、こっちがドヤ顔に
なって「ほら、やっぱり」と責める必要もありません。

妻が望んで
いること

「いいじゃない。頑張ってね」と応援する。続
かなかったときは見て見ぬフリをしてほしい

定期的に「これからの時代に必要だから」
と言い出して

303

資格の勉強を始めては、
すぐ投げ出す

　最初の意気込みが長続きしないのは、妻もこっちもお互
いさまです。将来を見据えて、自分のスキルを高めようと
考えること自体は、ぜんぜん悪いことではありません。

　しかし、「勉強を始めた」段階で何かを成し遂げた気にな
り、結局はそこ止まりということが繰り返されると、妻は
「この人って……」と残念に思うでしょう。

妻が望んで
いること

現実逃避で「資格取得」に夢を託していない
で、しっかり足下を固めてほしい

9章

「面倒なこと」を避けていると
"信頼"は遠のく

おでかけ&非常時
のスイッチ

「頼りになる夫」への 道のりは険しく厳しい

～おでかけ&非常時～

不測の事態が起きたときこそ、妻の信頼を得るチャンス。何を求められているかを察知し、きっちり応えるには何が必要かを考えてみましょう。

人生をともに歩むパートナーとして 認められるかどうかの試金石

　家族ででかけたときは、次から次へと不測の事態に直面します。日々の生活でも、どんなタイミングでどういう非常事態が勃発するかわかりません。

　そんなときこそ、的確な対応で「頼りになる夫」であることを示したいところです。しかし実際には、妻の期待や要望に応えられずに、むしろ信頼を失ってしまうことも。張り切りすぎて、思いが裏目に出ることもしばしばです。

　なかなか険しく厳しい道のりですが、逃げ出すわけにはいきません。結婚生活も人生も、言ってみれば不測の事態の連続です。おでかけや非常時のときにどんな夫っぷりを見せられるかは、人生をともに歩むパートナーとして認め

られるかどうかの試金石と言っていいでしょう。

どっしり構えることを意識すれば
ほとんどのスイッチは押さなくて済む

当たり前ですが、自分が面倒くさいことは妻だって面倒くさいし、自分が「やだなあ」と思う場面では、妻だって「やだなあ」と思っているのが常。お互いの好みや希望や、何をするかの優先順位にズレが生じることもあります。

おでかけや非常時においては、ちょっと無理してでも、どっしり構えることを意識しましょう。落ち着いて、今どんなことをすればいいか、どんなことをしてはいけないかを考えれば、ほとんどのスイッチは押さずに済みます。

無事に乗り切れたら、妻や家族からの信頼は一気にアップするはず。ピンチの「チ」はチャンスの「チ」です。

「じゃあ、新幹線と 旅館の予約しといて」

　頼んだほうとしては、とくに深い意味はありませんでした。「スーパーに行ったらビールも買ってきて」と頼むぐらいの感覚だったかもしれません。

　しかし、いきなり頼まれた妻は、「えっ、いつの間にそんな話になったの⁉」と、激しく戸惑うでしょう。「目が点になる」とは、まさにこういう状況です。

　交通機関にせよ宿泊施設にせよ、予約する手間は並大抵ではありません。それもまた旅行の楽しみという一面はありますが、自分で進んでやるのと、誰かに「やっておいて」と言われるのとはまた別の話。

　このケースのほかにも、夫の側は自覚がないまま、何となく「妻がやってくれるだろう」と思ってしまっていることは、たぶんたくさんあるでしょう。

　そのたびに妻は「どうして私が？」と疑問に思いつつ、「こんなことでケンカしてもしょうがないし」と不満を飲み込んで、そして夫へのストレスを溜めていきます。

　まあ、妻は妻で同じことをしていたりするんですけどね。

- -

妻が望んでいること

　夫が「じゃあ、予約はしておくよ」と言ってくれるのがベスト。結果的に自分がやる場合も話し合った上でがいいし、十分に感謝もされたい

いつもの癖が出てしまうのか
家族で旅行しているときに

305

子どもの前で駆け込み乗車をしようとする

　ホームに電車が停まっているのを見て、反射的に体が動いてしまいました。しかし、妻としては「子どもがマネするからやめて！」と叫びたい気持ちでしょう。

　しかも、ひとつ間違えたら妻と子どもがホームに置き去りになる可能性もあります。いやまあ、子どもが見ていなくても、駆け込み乗車はしてはいけませんけど。

- -

夫株を
上げる
ひと言

「無理しないで次の電車を待とう。あわてることないよ」と鷹揚に構える（ただし都会限定）

旅行先で立ち寄った観光施設について
妻が不満を述べた

306

「キミが行きたいって言ったから」

　何ごとにも見込み違いや期待外れはあります。有名な観光施設なのに、行ってみたら「想像していたよりもしょぼかった」と感じることもあるでしょう。

　思ったほどじゃなくていちばんガッカリしているのは妻です。提案したら必ず満足しなければならないわけではありません。この反応はいささか狭量です。

- -

夫株を
上げる
ひと言

「まあ、こういうこともあるよ。話のネタが増えたってことでいいんじゃない」

307 スケジュールを 全力でこなそうとする

せっかく行くなら、できるだけいろんな場所を訪れたい、あのスポットは外せない、ここでこんな体験ができるらしい……などなど、あれこれ夢が広がります。

何の下調べもせず行き当たりばったりで行くのも、それはそれで楽しいでしょう。いっぽうで、徹底的に下調べをして、綿密なスケジュールを立てるのが好きな人もいます。スケジュールを立てたい派の場合、もしかしたら一緒に行く妻や子どもにヒンシュクを買っているかも。

下調べをしたりスケジュールを立てたりすること自体は、大いにけっこうです。ただ、あれこれ詰め込みたくなったり、予定通りに行動したくなったりするのが人間のサガ。しかし、旅行というのは不測の事態の連続だし、その時の気分でやりたいことや行きたい場所は変わります。

「スケジュールをこなすこと」が最優先になって、スケジュールに振り回されたら本末転倒。家族にとっては（自分にとっても）、あわただしい思いをしただけで楽しくない旅行だった、ということになるでしょう。

- -

妻が望んでいること

下調べをした上で、知識はいったん胸にしまい、次に行く場所を適切に提案したり妻の質問にサラッと答えたりしてくれる

いつもと違って妻が運転している
クルマの助手席から

308

「ウインカーは
もっと早く出さなきゃ」

　自分も運転をする場合、助手席に座っていると横からあれこれ言いたくなります。運転に不慣れな妻に対しては、アドバイスしてあげているつもりもあるかも。

　運転に関する細かいタイミングや呼吸は人それぞれ。横から口を出されたら、うるさくて仕方ありません。言い続けていたら、間違いなくケンカに発展するでしょう。

- -

妻が望んでいること 本当に危ないこと以外は注意しなくていいから、黙って乗っていてほしい

家族旅行の当日、妻が探して
予約してくれた旅館に着いた

309

「なんかイマイチの
旅館だね」

　実際にイマイチだったとしても、妻が探してくれた旅館にいきなり文句を言うのは、あまりにも傍若無人。なごやかな家族旅行が瞬時に修羅場になりかねません。

　自分が旅館を選んだ場合でも、わざわざネガティブな感想を口にするのは慎みましょう。家族は（自分自身も）楽しい気持ちに激しく水を差されてしまいます。

- -

夫株を上げるひと言 「部屋からの景色が最高だね」「いいお湯だったね」など長所を積極的に見つけて称賛する

💥💥

310 しわくちゃの普段着で
行こうとする

　服装には TPO というものがありますが、どこまで気にするかは人それぞれ。往々にして、夫の側が無頓着で、場違いな服を着ていこうとして（というか何も考えていなくて）、妻を呆れさせがちです。

　夫には、まったく悪気はありません。そもそも TPO という概念がないので、どうしていけないのかわかりません。ただ、強固なポリシーがあってしわくちゃの普段着というわけでもないので、妻に「もっとちゃんとした服にしてよ」と言われたら、素直に従います。

　こうした「意識のギャップ」が露呈するのは、服選びに限った話ではありません。旅先でご飯を食べるお店を決めるときに、こだわって選びたい人もいればチェーン店で十分という人もいます。家探しでも、価格（家賃）や広さや日当たりなど、重視する点は人それぞれ。

　何が正解で何が不正解という問題ではありません。大切なのは「相手の気持ちを尊重すること」と「夫婦の衝突をなるべく避けること」です。

- -

妻が望んでいること

自分の感覚や価値観に合わせてくれたら、ラクだし嬉しい。しかし、妻の言いなりではなく、時には意見を主張してほしい気持ちもある

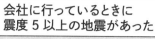
会社に行っているときに
震度5以上の地震があった

311 家族に連絡するという 発想がない

「けっこう揺れたけど、大きな被害が出たニュースは流れていないし、まあ大丈夫だろう」と思って、妻にも家族にも連絡しませんでした。自分は妥当な判断をしたつもりですが、妻は「なんて冷たい人なの！」と腹を立てるかも。

「大丈夫だった？」と尋ねることは、安否の確認以上に、心配している気持ちを伝えるためだったりします。

- -

夫株を
上げる
ひと言 即座に「ケガはなかった？　何かあったら連絡してね」とLINEなりメールなりで伝える

子どもが発熱。妻に
「病院に連れて行ける？」と聞かれた

312 迷いなく即座に 「無理」と答える

たしかに、いきなり仕事の調整をつけるのはたいへんです。しかし、妻だって働いていて、子どもを病院に連れて行くとなると、仕事を調整しなければなりません。

即座に「無理」と答えてしまえるのは、妻の仕事を軽んじているか、自分のことしか考えていないかのどちらか。少なくとも、そういう印象を与えるのは確実です。

- -

妻が望んで
いること お互いの予定や状況をすり合わせて、どちらが何を受け持つのがもっとも適切かを話し合う

実は妻がやめてほしいと思っている

【所作のスイッチ】

昔から「なくて七癖」と言います。何となく癖になっている所作が、いちいち妻の逆鱗(げきりん)に触れているかもしれません。

313 ほじった鼻くそを床に捨てる

　ティッシュなどにくるんでゴミ箱に捨てましょう。テーブルの裏になすり付けるのは、さらに最悪です。

- -

314 鼻をかんだティッシュを開いて確認する

　成果をチェックしたい気持ちはよくわかります。やるなら、誰も見ていないときだけにしましょう。

- -

315 ところかまわず頭をかきむしる

　かゆいときもありますが、妻は「床に落ちた髪の毛やフケはどうするの！」と叫びたくなるでしょう。

- -

316 会話をしながらテーブルを指で叩く

　そんなつもりはなくても「俺は今、イライラしている」と暗にアピールされているように妻は感じます。

- -

317 指を舐める

　スーパーでレジ袋を取るときなどに、ついやりがち。妻は、後ろの人の冷たい視線が気になります。

318 相手は真剣に話しているのに鼻で笑う

たとえ「なんだ、そんなことか」と感じたとして
も、それを態度に表すのはウカツで失礼です。

319 目を合わさない

他意はなかったとしても、妻は「やましいことが
あるのかも」「怒っているのかも」と思うでしょう。

320 ちょっとしたことで舌打ちをする

舌打ちの「チッ」という音は、自分が思うより何
十倍も強く、怒りや不機嫌の感情を表してしまいます。

321 やたらため息をつく

とくに意味はなくても、そばで聞いているほうは
心配になるし、暗い気持ちが伝染してきて迷惑です。

322 笑うときに手を顔の前で叩く

テレビを見ながら嬉しそうにこれをやっていた
ら、妻は情けなさや痛々しさを感じるかもしれません。

旅行や帰省ででかけるときに
妻が準備するのを待ちながら

323

「俺はもう 準備できたよ」

　旅行や帰省で家族そろってでかける場合、自分の持ち物の準備だけをすればいいわけではありません。子どもの着替えや切符の確認、留守にするための戸締りなど、それ以外の準備が山のようにあります。

　しかも、一般的に男性よりも女性のほうが、でかけるときの持ち物は多くなりがち。夫が自分の持ち物だけさっさと準備して、暗に「早くしろよ」と言ってきたら、妻はさぞ腹が立つでしょう。

　とはいえ、でかける前にケンカしたくないし、ケンカしている場合でもありません。夫に協力を要請しようと思っても、自分しかわからない部分が多そうです。

　夫への怒りやモヤモヤをため込んだ妻は、でかけた先で爆発しやすい状態になっているかも。何気ないひと言のように見えて、じつは大きな危険性をはらんでいます。

　この状況に限らず、家族で行動するときに「自分の分だけやって、あとは妻任せ」ということをしてしまっていないか、あらためて考えてみましょう。

- -

夫株を
上げる
ひと言

「何か手伝えることある？」「まだ時間あるからゆっくりでいいよ」「お土産とかお年玉とか、全部任せちゃってごめんね」……など

居酒屋にせよレストランにせよ
店を出ると妻に向かって

324

「高いわりに
おいしくなかったね」

逆に「おいしかったけど高かった」だったり、あるいは「店員の態度がよくなかった」だったり、必ず何かマイナス点を指摘する人はいます。娯楽施設や観光地でも、同様に「混んでいた」「しょぼかった」「高かった」など、あれこれケチをつけずにはいられません。

夫がそのタイプの場合、妻はどこかにでかけるたびにイラっとさせられます。やがて「もうこの人とは一緒にでかけない」と決意したとしても、それは仕方ないと言えるでしょう。一度、そう決意されたらおしまいです。

言っている当人は、よくなかった部分を指摘することで、自分の知性や感性のようなものをアピールしたつもりになっているのかもしれません。しかし、聞かされている側が感じるのは、無神経さや器の小ささ、自分が「客」という立場であることに甘えている傲慢さなどです。

癖になっているなら、すぐにあらためましょう。こうしたことを続けていると、妻だけでなく、周囲から誰もいなくなってしまいます。

- -

妻が望んでいること

「よかったところ」を口にして、楽しかった時間の余韻に浸りたい。それこそが「お客の特権」と考える"大人の感覚"を分かち合いたい

前からそういう傾向があったが、
近ごろ極端になってきた

325 ハンドルを握ると
人格が変わる

日頃は穏やかなのに、運転中だけ言葉遣いも態度も荒っぽくなる人がいます。「ああ、ふだん抑えているものを発散しているんだな」と感じさせられます。

ただ、助手席に座っている妻としては、構図がわかったところで不愉快なことに変わりありません。日頃の穏やかな人格に対する不信感も芽生えてしまうでしょう。

- -

 妻が望んでいること
「バカヤロー、ヘタな運転しやがって」といった調子で毒づいていないで、静かに運転する

いつも夫が行っている
犬の散歩に珍しく妻も同行した

326 排せつ物の片付け方が
いいかげん

「どこまでやるべきか」という線引きが難しい事案の場合、人によって「これでOK」の基準が違ってきます。もしかしたら夫の片付け方は、それ以前の問題として、あまりにいいかげんだったのかもしれません。

ほかのことでも、妻の指摘やアドバイスは、ありがたく拝聴して意識や行動の改善につなげましょう。

- -

 妻が望んでいること
「それじゃダメよ」と指摘したら、反発したり不機嫌になったりせず素直に聞き入れる

子どもがトラブルを起こして
親が学校に呼び出された

「任せるよ。俺が行って もしょうがないし」

327

友だちにケガをさせたのか、イジメをしてしまったのか、あるいはトラブルを引き起こしがちな "個性" を持っているのか……。さまざまな理由がありますが、いずれにせよ気が進まない呼び出しではあります。

当たり前ですが、気が進まないのは妻も同じ。そもそも我が子に関する重大な局面なんですから、父親である自分が「行ってもしょうがない」と言い出すのは、あまりにも無責任です。行かない口実ではなく、本気でそう思っているとしたら、父親としても夫としても、自覚や覚悟がなさすぎると言えるでしょう。

こうした「気が進まない場面」に果敢に立ち向かってこそ、父親としての、そして夫としての存在意義を示すことができます。子育ては一筋縄ではいきませんが、夫婦で力を合わせて立ち向かいましょう。

妻に「イザというときにはやっぱり頼りになる」と思われるか、「イザというときに頼りにならない」と思われるか、それは今後の人生の大きな分かれ目です。

- -

夫株を
上げる
ひと言

「わかった。まずは先生の話を聞いてみよう。至らない夫で申し訳ないけど、できる限り頑張るよ。キミひとりで抱え込む必要はないからね」

328 妻に対応を任せて玄関に出てこない

　子どもの飛び跳ねる音を何とかしてほしいという苦情でした。「怒鳴り込む」という感じではなかったのは幸いですが、内心は腹を立てているに違いありません。

　大ピンチの場面で自分が矢面に立たず妻に対応を任せていたら、信用も威厳も一気になくなります。以後、偉そうなことを言っても、まったく聞いてもらえないでしょう。

 謝るにせよ、今後の対策を提案するにせよ、夫が前に出て相手と冷静に理性的に話をする

329 遠くに熊の姿が見えて自分だけ逃げる

　目の前に熊がいきなり現れたなど、緊迫度が桁違いの場合はまた話が別です。しかし「遠くに姿が見えた」という状況で、妻を置き去りにして自分だけ逃げるのは、いろんな意味で危険な判断といえるでしょう。

　もちろん無事に逃げることが最優先ではありますが、どんなときも妻を守る気持ちは忘れたくないものです。

 「早く逃げて」と、まず最初に妻を熊から少しでも遠ざけてから状況を把握し、自分も逃げる

何気なく押していないかをチェック！

妻のスイッチ【旅行編】

「スイッチ」は、いたるところに潜んでいます。身に覚えがないか、胸に手を当てて考えてみましょう。

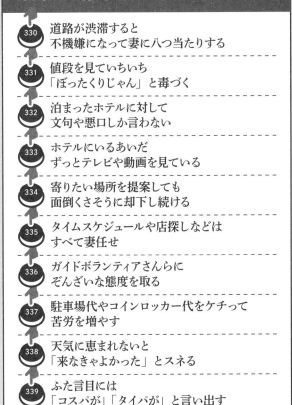

330 道路が渋滞すると
不機嫌になって妻に八つ当たりする

331 値段を見ていちいち
「ぼったくりじゃん」と毒づく

332 泊まったホテルに対して
文句や悪口しか言わない

333 ホテルにいるあいだ
ずっとテレビや動画を見ている

334 寄りたい場所を提案しても
面倒くさそうに却下し続ける

335 タイムスケジュールや店探しなどは
すべて妻任せ

336 ガイドボランティアさんらに
ぞんざいな態度を取る

337 駐車場代やコインロッカー代をケチって
苦労を増やす

338 天気に恵まれないと
「来なきゃよかった」とスネる

339 ふた言目には
「コスパが」「タイパが」と言い出す

何気なく押していないかをチェック!

妻のスイッチ【飲食店編】

「スイッチ」は、いたるところに潜んでいます。身に覚えがないか、胸に手を当てて考えてみましょう。

 340 おしぼりが出てくると
顔はもちろん首筋も拭き始める

 341 初めて入った居酒屋やレストランで
店員にタメ口を使う

 342 あとひと口で食べ切れるのに
料理やご飯などを残す

 343 待っている人がいるのに
急いで食べ終える気がない

 344 会計のときにお札や小銭を
投げつけるようにして払う

 345 ラーメン屋で食べ終えたあとの丼に
ティッシュを入れる

 346 スキあらば料理やお酒に関するウンチクを
語りたがる

 347 しかもウンチクの間違いや矛盾を指摘すると
ムッとする

 348 妻が料理や店をホメると「俺が前に食べた○○はもっと
おいしかった」などとマウントを取ろうとする

 349 店を出るときに
お礼も「ごちそうさま」も言わない

10章

妻より優先していると、
いつか「スイッチ」を押してしまう

友人関係のスイッチ

友人は大切な存在だが 妻はもっと大切である

~友人関係~

友人関係は人生における大切な宝物。だからといって、妻よりも友人を優先するのは危険です。そして妻は妻で、自分の友人は宝物にほかなりません。

夫と自分の友人、妻と自分の友人、 それぞれに適切な距離感がある

　友人の前では、ついイイカッコをしたくなります。そんな気持ちがベースになって、いつもと違う口調や態度になりがち。妻よりも友人を優先してしまうこともあります。

　妻としても、夫が友人を大切にすること自体には、何の異論もないはず。むしろ誇らしい気持ちもあるでしょう。しかし、その寛大さに甘えている気配が色濃く感じられたら、妻としては文句のひとつも言いたくなります。

　そして、妻は夫の友人と仲良くする義理はありません。たまたま仲良くなることはありますが、それは運がよかったか、妻が努力してくれているからです。友人に対する批判やマイナスの感情も、妻としては知ったことではありません。

共感してもらえると思ったら大間違いです。

お互いの友人関係を尊重しつつ
無理のない付き合い方をしたい

　妻には自分の友人と仲良くなってほしいと願ういっぽうで、ほとんどの夫は妻の友人と仲良くなろうとはしません。それはそれで仕方ないとして、「どうでもいい」という気持ちを露骨に表に出すのは控えたいもの。

　自分と同じように、妻にとっても友人は大切な存在です。ないがしろにされたらどれだけ不愉快なことか。自分の友人関係と妻の友人関係、それぞれ距離感や関わり方は違いますが、どちらも大切にするのが夫の務めです。

　そして、友人は大切な存在ですが、妻はもっと大切な存在だということは、くれぐれも忘れないようにしましょう。

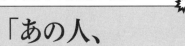

350 「あの人、俺は好きじゃないな」

人間、誰しも好き嫌いはあります。自分の友人には、よっぽどの事情がない限り、自分が嫌いな人はいません。しかし、妻の友人に対しては、「あの人はちょっと……」とマイナスの感情を抱くことがあります。

夫婦で話しているときに、前々から「あんまり好きじゃないな」と思っている妻の友人の話題が出ました。こちらとしては正直な気持ちを伝えただけで、深い意味はなく、もちろん妻を批判するつもりは毛頭ありません。

妻の側に心の余裕があれば、「えっ、どうして？」という質問から、「たしかにそういうところがあるかもね」といった平穏な会話になりそうです。

しかし、虫の居所が悪かったり、その友人が特別に大切な存在だったりした場合は、そうはいかないかも。自分の人を見る目や人格、ひいては生き方を否定された気にさえなって、大ゲンカに発展する可能性もあります。

相手の親の悪口と同様、友人の悪口もタブー。そもそも自分との接点はないので、口を出す必要はありません。

- -

妻が望んでいること

妻が一方的に利用されているなど、明らかに「付き合わないほうがいい相手」の場合、第三者の視点で冷静に問題点を指摘するのはアリ

妻の友人が家に遊びに来て
「夫です」と紹介された

351 「あっ、どうも」
と言って引っ込む

　無理して話を弾ませる必要はありませんが、「あっ、どうも」だけで引っ込むのは、あまりに愛想がない対応です。妻も、恥ずかしい思いをするでしょう。

　とはいえ、仮にその友人が「ご主人も一緒にお話ししましょうよ」と引き留めてくれたとしても、それは社交辞令。短く切り上げるのが大人のたしなみです。

- -

妻が喜ぶ
リアクション

「いつも妻がお世話になっています。ゆっくりしていってください」ぐらいのことは言う

妻が「私の同級生のAちゃんいたでしょ」
と話し始めた

352 「名前なんて覚えてないよ」

　そのAちゃんは、妻にとっては近しい友人でも、こちらにとっては「たまに話に出てくる人のひとり」です。名前を覚えていなくても無理はありません。

　問題は、名前を覚えていないことではなく、覚える気がないという姿勢を露骨に示すこと。そんなつもりはなくても、「妻に興味がない」と言っているのと同じです。

- -

妻が喜ぶ
リアクション

「卒業旅行に一緒に行った人だっけ」などと、前に話してくれたエピソードも込みで思い出す

353

大切な友人に頼み込まれて断わることができず

妻に相談しないまま友人にお金を貸す

　自分としては「助けてあげるしかないか」と納得して、もしかしたら返ってこないのも覚悟の上で、決して小さくない金額を貸す判断をしました。それはそれで、正解とか間違っているとかの話ではありません。

　ただし、妻があとからそのことを知ったら「どうして相談してくれなかったの」と、文句のひとつも言いたくなるでしょう。相談しづらい話ではありますが、妻には関係ないというわけではありません。

　「相談してくれればよかったのに」と言われたときに、後ろめたさの反動で「俺の金を貸すんだから勝手だろ！」と強く言ってしまうのは禁物。妻はたちまち態度を硬化させて、険悪な雰囲気になってしまいます。

　事情を聞けば、妻だって「それは貸してあげるしかない」と思うかも。しかし、衝突してしまうと、話を聞いてもらえなくなるし、こちらも話す気がなくなるでしょう。

　しなくていいケンカを防ぐためには、事前の相談、ひいては日頃からの夫婦の信頼関係が大切です。

- -

妻が望んでいること

ちゃんと事情を説明してほしい。客観的に見て「貸さないほうがいい」「情に流されすぎている」と思ったときは意見を言わせてもらう

354 当たり前のように 妻を連れて行く

自分の友人が集まる飲み会があると
妻の意向も聞かず

友人に妻を紹介したいとか、ひとりで飲みに行くのは申し訳ないといった気持ちもあるでしょう。ただし、妻が一緒に行きたいかどうかは、また別の話です。

妻も楽しんでいるなら、ぜんぜん問題ありません。そうではなく、夫は気付かないまま「無理して付き合わせている」という状態が続いているケースは多々あります。

「○○たちとの飲み会、どうする？　俺は一緒に行きたいけど、無理しなくてもいいよ」

355 妻の友人には 会いたがらない

一緒に買い物をしたあと、
妻が友人と待ち合わせている

妻が嫌じゃないなら、一緒に待ち合わせ場所まで行って、妻の友人に「いつも妻がお世話になっています」と挨拶しても、決してバチは当たりません。

ちょっと億劫（おっくう）という気持ちはわかりますが、こういう状況に限らず、妻の友人に会うことを避け続けるのはけっこう危険。夫婦の溝を生じさせる原因になります。

夫株を
上げる
ひと言

「じゃあ、せっかくだから俺も挨拶させてよ。顔だけ見せて、すぐ帰るから」

嫁姑の問題で妻と意見が分かれて話し合いをしている

「○○にも、どう思うか聞いてみたんだけど」

妻と母親、それぞれに言い分があり、なかなか解決策が見えてきません。第三者の意見も聞いてみようと思って、信頼できる友人に相談してみました。

しかし、自分にとっては「信頼できる友人」に持ちかけた「ここだけの話」でも、妻にとっては「夫婦の秘密を赤の他人にベラベラ話した」ことになります。「あいつは大丈夫だから」と言ったところで、妻は納得できません。

もしかして、「真剣に向き合ってくれてありがとう」と感謝される展開を期待していたとしたら、それはおめでたすぎる勘違い。妻は「デリケートな話を勝手によその人にしないで！」「私が恥ずかしいじゃない！」と、夫に対して激しい怒りと深い不信感を覚えるでしょう。

とくに嫁姑の問題に関しては、仮に妻が一方的な被害者だとしても、「自分が至らない嫁と思われるかも」という不安がついて回ります。嫁姑の問題に限りません。どちらかが浮気をしてもめているとか、お金のトラブルを抱えたといった場合も同じです。

- -

他人に相談しているヒマがあったら、もっと真剣に自分の話を聞いてほしい。そして、お義母さんに対して言うべきことを言ってほしい

地元の幼馴染が親の会社を継いで
若くして社長になった

357

「あいつはいいよな、
あっさり社長になれて」

　社長になったことに対して、妻が「へえー、すごいわね」
と言ったとしても、決してこちらを非難しているわけでは
ありません。その友人にはその友人なりの苦労があるだろ
うし、そもそも自分たちには関係のない話です。

　素直に祝福するどころか、ヒガミ根性を丸出しにする夫
に、妻はさぞガッカリするでしょう。

- -

夫株を
上げる
ひと言
「たいしたもんだよね。あれだけの会社を守っ
ていくには、何かと苦労も多そうだけど」

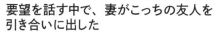

要望を話す中で、妻がこっちの友人を
引き合いに出した

358

「悪かったね。
あいつみたいになれなくて」

　もっとこうしてほしいといった要望を話しているとき
に、「〇〇さんは、こうなのに」と友人を引き合いに出して
きた妻も、十分に無神経で不用意です。

　しかし、たとえカチンと来たとしても、この反応はかなり
みっともないと言えるでしょう。すねてみたところで、カワ
イイとは思ってもらえません。

- -

夫株を
上げる
ひと言
「あいつはたいしたもんだけど、俺なりに頑張
るよ」と言えば、妻は己の失言を反省するかも

359

「あいつは昔から
セコイんだよね」

　仲がいいからこそのちょっとした軽口で、このぐらい気にする必要はないとも言えます。ただ、たまにならいいのですが、友人について話すときに、ふた言目には悪口が飛び出す人も少なくありません。

　こちらとしては親近感の表れのつもりでも、この手の悪口が毎度毎度だと、妻は「この人、友人の悪口ばっかり言っているけど、自分に自信がないのかな。コンプレックスがあるのかな」と感じてしまうでしょう。そして、それはけっこう図星だったりもします。

　友人の悪口を言ってしまったときは、あるいは、言いたくなったときは、自分の胸に手を当ててみましょう。悪口の背後にみっともない動機がチラついていたら、言わないように自分を強く戒めたほうがよさそうです。

　無意識のうちに悪口がクセになっている状態で、見るに見かねた妻に「人のことばっかり言ってるけど、あなたはどうなの」と言われたら……。たぶん冷静には受け止められず、妻に怒りをぶつけてしまうでしょう。

- -

たまの悪口はいいとして、「あいつは、こういうところがすごい」「こういうところを見習いたい」と、素直にホメられる夫になる

友人夫婦を招いて鍋パーティ。
妻が小さなミスをした

360
「こいつ、ホントに
何にもできなくてさ」

　たとえば鍋に入れるつもりの豆腐を冷蔵庫から出し忘れていたとか、妻が小さなミスをしました。そんなときに、なぜか得意げにこんな言い方をする夫がいます。

　夫としては、もしかしたら妻をフォローしたつもりでしょうか。当然、そんな意図は妻には通じません。友人の前で辱められた恨みと怒りが胸の中で渦巻くのみです。

- -

「あ、ごめんごめん。いつもは俺が豆腐を出す
係だよね。話すのが楽しくて忘れちゃった」

家に遊びに来てくれた
新婚の友人夫婦が帰ったあとで

361
「あいつの奥さん、
色っぽいね」

　正直な感想だったかもしれませんが、たとえ冗談っぽい口調でも、それを妻に言うのはいささか不用意。「バカじゃないの」と笑って流してくれるとは限りません。

　「えっ、話しているあいだじゅう、ずっとそんな目で見ていたってこと!?」と、夫に嫌悪感を抱く妻も多いでしょう。かといって、悪口を言うのはもっとNGです。

- -

「素敵な奥さんで○○（友人）は幸せもんだね」
と、祝福を込めた賞賛の言葉を述べる

休日の夕方に飲みに行こうとして
妻にイヤな顔をされた

362

「付き合いだから
仕方ないだろ」

妻としては、久しぶりに家族そろって夕食を食べられると思っていました。ところが「夜、何食べる？」と夫に尋ねたら、「今日は○○たちと約束があるから、もうちょっとしたらでかける」と言っています。

思わず「えー、せっかくのお休みなのに……」と、妻がイヤ顔をしたのも無理はありません。夫もそういう反応を十分予想していただけに、なかなか言い出せず、直前のサプライズ発表になってしまいました。

友人との付き合いは、たしかに大切です。妻も「付き合うな」とは言っていません。しかし、休日の夜に飲みに行くことを OK したのは、ほかならぬ自分自身です。「付き合い」のせいにしたら、妻は釈然としないでしょう。

休日に飲み会の約束をするにあたっては、きっと何かしらの理由があるはず。具体的な説明をはしょって「付き合いだから」のひと言で片付けずに、これこれこういう理由で今日になったという必然性を説明しましょう。適当なでっち上げでもかまわないので。

- -

妻が望んで
いること

言いづらいからと直前まで黙っていないで、行くなら行くで早めに伝えるのが誠意。そして、たまになら大目に見るけど続くのは許さない

友人との LINE グループでの
やり取りに熱中していて

363 「ご飯よ」と呼ばれても
スマホを離さない

友人たちとのやり取りが盛り上がっていると、途中で抜けるのは勇気がいります。しかし、妻が用意してくれた食事をすぐに食べることと、友人たちとの LINE のやり取りのどっちが大事か、比較するまでもありません。

妻が「自分はないがしろにされている」と感じる可能性がある行動は、極力取らないように気を付けましょう。

- -

それなりに腕によりをかけて作った料理なんだから、温かいうちにおいしく食べてほしい

学生時代の同窓会があった妻が
当時の男友だちの話をした

364 どういう関係だったかを
しっこく聞く

絵に描いたような「ヤキモチ」です。もしかして、ヤキモチも愛情表現の一種と思っているとしたら、それは大間違い。妻は心の底からウンザリしつつ、「情けない男」というレッテルを貼るでしょう。

そもそも（夫にとって）不適切な関係があったとしたら、わざわざ夫にその人の話をしたりはしません。

- -

当時を懐かしんで楽しく話しているときは、そんな妻をニコニコと眺めながら静かに聞く

365

「俺と友だちと どっちが大事なの?」

妻に「今日、この映画を観に行かない?」と提案したら、すでに友人との予定が入っていました。ガッカリする気持ちはわかりますが、このセリフを言ったら妻は心の底からウンザリするでしょう。

仮に、妻から「私と仕事、どっちが大事なの?」と聞かれても、そんなの答えようがありません。強いて比較すれば妻でしょうけど、どっちも大事です。

妻にとっての「夫と友人」も同じ。この質問をする目的は、無意識にでしょうけど、妻を困らせることです。

そりゃ、総合的にどっちが大事かと言われたら夫でしょう。しかし、今日この時点では、夫の突然の提案よりも、前々からの友人との約束のほうがはるかに大事です。

こういうことを言う夫に限って、妻と過ごす時間をないがしろにして、友人との飲み会を優先したりしがち。結局は、自分のわがままを押し通したいだけです。

妻の友人関係を大事にしない夫は、自分の友人関係も、そして自分も大事にしてはもらえません。

- -

夫株を
上げる
ひと言

「そっか、楽しんできてね。じゃあ俺はホームセンターで収納ケースを探そうかな」と、気持ちよく送り出しつつ家族の役に立つ行動を取る

230

せっかく夫婦になったんだから
「夫婦円満」という大きな幸せをつかもう

いつの時代も誰が何と言おうとも、夫婦であるふたりにとって「ずっと円満な関係が続く」というのは、文句なしに素晴らしいことです。自分たちの人生における最大の幸せは、そこにあると言っていいでしょう。

もちろん、それは夫婦である当事者にとっての話です。結婚しない人や結婚に区切りを付けた人は不幸だなんてことは絶対にありません。夫婦には夫婦の幸せがあり、単身者には単身者の幸せがあります。

世の夫婦を見渡してみると、ふたりでいることの幸せより、ふたりでいることの不幸を背負っているように見えるケースが少なくありません。相手に関心がなく会話もほとんどなかったり、お互いに憎しみを抱いていたり、それぞれが相手をバカにすることで自尊心を保っていたり……。

夫婦でいることの幸せを感じられないなら、夫婦をやめたほうがよっぽどマシです。ただ、相手に対する愛情や尊敬の念が少しでもあるなら、諦める必要はありません。まずは自分の側が心を入れ替え、態度や言葉を変えてみることで、状況は大きく変わるでしょう。

「妻のスイッチ」を意識することは、状況を変える第一歩です。そして「妻のスイッチ」に無頓着なままだと、円満

な関係を長く保つことはできません。

　ぜひ、妻と一緒にこの本を読んでみてください。関係がちょっとギクシャクしている場合は、妻の中でたまりにたまっている夫への不満を吐き出してもらうきっかけになるでしょう。円満だと思っている場合も、「あなたって、こういうスイッチをよく押すよね」と指摘されたりして、問題の芽を早めに摘むことができます。

　いずれにせよ、もっと円満な関係になりたい、そのために自分は努力したいと思っている姿勢は、妻に伝わります。妻の側もそんな夫を見て、自分の反省点に気付いて変わろうとしてくれるに違いありません。

　夫婦円満は一日にして成らずですが、相手のためを思って行うすべての努力は夫婦円満へと続いています。

　至らないのはお互い様。せっかく縁あってふたりで一緒に人生を歩んでいるんですから、ふたりで一緒にたっぷり幸せになってしまおうではありませんか。

　本書が無事に完成したのは、ひとえに青春出版社プライム涌光編集部の渕本稔さんのおかげです。企画からきめ細かいディレクション、的確な励ましの言葉など、親身に丁寧に伴走してくださいました。あたたかく見守ってくださった同編集部の中野和彦編集長と深沢美恵子さんにも、たいへんお世話になりました。心より感謝申し上げます。

　そして、これまでの結婚生活で私がさんざんスイッチを

押してきたにもかかわらず、いっしょに歩いてくれている
妻にも、ここでこっそりお詫びと感謝を伝えておきます。自
分を棚に上げてこういう本を書いてごめんなさい。バレた
ら呆れられそうですが、これも世のため人のためと信じて
のことなので、どうか苦笑いして見逃してください。

2024年2月

石原壮一郎

人生の活動源として

いま要求される新しい気運は、最も現実的な生々しい時代に吐息する大衆の活力と活動源である。

文明はすべてを合理化し、自主的精神はますます衰退に瀕し、自由は奪われようとしている今日、プレイブックスに課せられた役割と必要は広く新鮮な願いとなろう。

いわゆる知識人にもとめる書物は数多く窺うまでもない。

本刊行は、在来の観念類型を打破し、謂わば現代生活の機能に即する潤滑油として、逞しい生命を吹込もうとするものである。

われわれの現状は、埃りと騒音に紛れ、雑踏に苛まれ、あくせく追われる仕事に、日々の不安は健全な精神生活を妨げる圧迫感となり、まさに現実はストレス症状を呈している。

プレイブックスは、それらすべてのうっ積を吹きとばし、自由闊達な活動力を培養し、勇気と自信を生みだす最も楽しいシリーズたらんことを、われわれは鋭意貫かんとするものである。

——創始者のことば—— 小澤 和一

著者紹介

石原壮一郎（いしはら そういちろう）

1963（昭和38）年三重県生まれ。コラムニスト。1993年『大
人養成講座』（扶桑社）がデビュー作にしてベストセラー
に。以来、「大人」をキーワードに理想のコミュニケーショ
ンのあり方を追求している。『大人力検定』（文藝春秋）、
『父親力検定』（岩崎書店）、『夫婦力検定』（実業之日本
社）、『大人の言葉の選び方』（日本文芸社）、『無理をし
ない快感』（KADOKAWA）、『失礼な一言』（新潮社）
など著書多数。故郷を応援する「伊勢うどん大使」「松阪
市ブランド大使」も務める。

押してはいけない
妻のスイッチ　　　　　　　　　

2024年2月25日　第1刷

著　者　　石原壮一郎（いしはらそういちろう）

発行者　　小澤源太郎

責任編集　株式
　　　　　会社プライム涌光

　　　　　電話　編集部　03（3203）2850

発行所　　東京都新宿区　　株式
　　　　　若松町12番1号　会社青春出版社
　　　　　〒162-0056

　　　　　電話　営業部　03（3207）1916　　振替番号　00190-7-98602

印刷・三松堂　　　　　　製本・フォーネット社

ISBN978-4-413-21208-3

©Soichiro Ishihara 2024 Printed in Japan

青春新書
PLAYBOOKS

人生を自由自在に活動する──プレイブックス

とっくに50代
老後のお金
どう作ればいいですか？

長尾義弘

老後が不安な50代の「わたし」が
ファイナンシャルプランナーに聞く
貯金ゼロからの解決策。

P-1191

ずっと元気でいたければ
60歳から食事を変えなさい

森由香子

4000人を超える患者と
向き合い、最新の栄養学から
わかった「食べ方の分岐点」。

P-1190

ドキドキするほど面白い！
文系もハマる科学

五十嵐美樹

『文系もハマる』シリーズ科学版。
科学のお姉さんが教える
「笑って、泣ける、読む科学」。

P-1189

「なんとなく不調」から抜け出す！
「2つの体内時計」の秘密

八木田和弘

たまっていた疲れの正体は、
自覚のない「時差ぼけ」だった！
時間生物学でわかった中枢時計と
末梢時計の整え方。

P-1188

青春新書
PLAYBOOKS

人生を自由自在に活動する──プレイブックス

ドキュメント
婚活サバイバル

植草美幸

結婚したい男と女──
その本音と現実が明らかに
話題の婚活アドバイザーによる
緊急報告

P-1192

日本でしか観られない
世界の名画

岡部昌幸

モネ、ゴッホ、ゴーギャン、ピカソ…
日本各地の美術館で体験できる
心揺さぶる本物の迫力!

P-1193

60歳からの
お金と健康の裏ワザ

ホームライフ
取材班[編]

知ってる人は得をする!
60歳は"これから"を楽しむ分岐点

P-1194

飲んでも元気でいたければ
男は50歳から
つまみを変えなさい

平野敦之[著]
検見﨑聡美[料理]

〈活力〉と〈若さ〉のカギを握る
2つの男性ホルモンを活性化!
料理が苦手でも、すぐに作れる
3行レシピ

P-1195

青春新書
PLAYBOOKS

人生を自由自在に活動する——プレイブックス

長生きしたければ「呼吸筋」を鍛えなさい

本間生夫

免疫力が高まる、自律神経が整う、
誤嚥や認知症を予防する
大切なのは、「吸う筋肉」と
「吐く筋肉」のストレッチ

P-1196

のっけ盛りが毎日楽しい 100円でお弁当

検見崎聡美

手間も食材費もかからない!
「おいしく」乗りきる!
チリチキン弁当、卵グラタン弁当
さけのねぎマヨ弁当…など52品

P-1197

50歳からは「食べやせ」をはじめなさい

森由香子

50代のダイエットは健康寿命の
分岐点! 筋肉をつけながら、
脂肪を落とす――最新栄養学
から導き出した食べ方とは

P-1198

動ける体を取りもどす「姿勢筋」トレーニング

比嘉一雄

体力も健康もすべては
姿勢の改善からはじまる!
「スロトレ」だから、
自宅でひとりで鍛えられる

P-1199

青春新書
PLAYBOOKS

人生を自由自在に活動する──プレイブックス

かけるだけで絶品おかず かけだれ30

検見﨑聡美

和食、洋食、イタリアン、
フレンチ、中華……
時短料理も、ごちそうになる!
「おいしい!」の新しい作り方

P-1200

「お金が貯まる人」の習慣、ぜんぶ集めました。

ホームライフ
取材班[編]

そんな秘密があったのか!
同じ収入でもマネするだけで
大きく差がつく107項

P-1201

100歳まで切れない、詰まらない! 血管の老化は「足」で止められた

池谷敏郎

「足の血管力」アップが高血圧、
糖尿病、脂質異常症を改善し、
脳卒中、心筋梗塞、突然死を防ぐ‼

P-1202

「脱力」はなぜ体にいいのか 「痛み」と「疲れ」を1分でとる体操

鈴木亮司

腰痛・肩コリ・疲労感・不眠・
うつ症状……その不調は
「気づかない緊張」が原因だった!

P-1203

青春新書
PLAYBOOKS

人生を自由自在に活動する──プレイブックス

「シンプル」な選択が
自律神経を整える理由

小林弘幸

何を選び、何を捨てるか──
たった1%の「迷い」があるだけで、
自律神経は乱れる

P-1204

「老けない人」の習慣、
ぜんぶ集めました。

ホームライフ
取材班［編］

見た目も体も若々しい人は
「何を」やっているのか?

P-1205

ダイエットしたい人の
やせるキッチン

森由香子

理想の体型は
キッチンを変えるだけでよかった

P-1206

「やせてる人」の習慣、
ぜんぶ集めました。

工藤孝文［監修］
ホームライフ
取材班［編］

食べてるのに
太らない人の秘密とは?

P-1207

お願い ページわりの関係からここでは一部の既刊本しか掲載してありません。
折り込みの出版案内もご参考にご覧ください。